1年間に生まれる子どもの数

1964年 ▶ 172万人　102万人 ◀ 2014年

一人の女性が一生に産む子どもの数

1964年 ▶ 2.05人　1.43人 ◀ 2013年

少年犯罪の数

1964年 ▶ 4万9000件　23万9000件 ◀ 2014年

1か月の総実労働時間

1965年 ▶ 192.9時間（事業所規模30人以上）　145.1時間（事業所規模5人以上） ◀ 2014年

大学・短期大学への進学率

1965年 ▶ 17%　56.7% ◀ 2014年

死因第一位

1964年 ▶ 脳血管疾患 17万3000人　がん 36万5000人 ◀ 2013年

改訂版！はてな？ なぜかしら？
日本の問題

2

改訂版！
はてな？ なぜかしら？

社会・教育問題

監修：池上彰

この本を読むみなさんへ

みなさんは、日々、新聞やテレビ、インターネットなどで見聞きするニュースから、世の中でどんなことが起こっているかを知ることでしょう。また、おうちの人や友だちが、いろいろな事件やできごとを話題にしているのを耳にすることもあるでしょう。その中には、あなたがよく知っていることもあるでしょうし、初めて出会うこともあるでしょう。

さまざまなニュースは、そのことがなぜ起こるのか、昔から今までにどう変わってきたか、どんな問題があり、どのような考えを持つ人がいるのかを知ると、わかりやすくなるうえ、その問題をさまざまな角度から考えることができます。

このシリーズでは、最近の日本で起こった、または今も起こっている「問題」について考えていきます。日本の国内にはどんな問題があるのか、その原因は何かなどについて、できるだけわかりやすく説明しました。また、読んだあなた自身が考えられるようにもなっています。さまざまな問題について、自分はどう思うかを考えてみるとよいでしょう。

この巻では、社会・教育に関する問題を取り上げています。私たち人間は、ひとりで生きていくことはできません。たくさんの人々が集団をつくり、その中で暮らしています。このような集団が、社会です。社会にはさまざまなルールがありますが、それらは時代とともに変化しています。また、人々の生き方や考え方も変わっており、昔はなかったいろいろな問題も起こっています。そうした問題の原因と解決策を考えることで、よりよい社会を築くにはどうしたらよいかを考えられるでしょう。

その際、教育が大切な役割を果たします。教育の問題を考えることは、現在、学校や社会の中で教育を受けているみなさん自身を見つめることでもあるのです。

監修　池上彰

1950年、長野県生まれ。大学卒業後、NHKに記者として入局する。社会部などで活躍し、事件、災害、消費者問題などを担当し、教育問題やエイズ問題のNHK特集にもたずさわる。1994年4月からは、「週刊こどもニュース」のおとうさん役兼編集長を務め、わかりやすい解説で人気となった。2012年から東京工業大学教授。
おもな著書に、『一気にわかる！池上彰の世界情勢2016』（毎日新聞出版）、『池上彰の世界の見方』（小学館）、『大世界史』（文藝春秋）、『池上彰の戦争を考える』（KADOKAWA）がある。

＊このシリーズは、2015年12月末現在の情報をもとにしています。

もくじ

第1章	子どもが少なくなると、どうなるの？	4
第2章	どんな犯罪が増えているの？	10
第3章	たばこやお酒、薬物はなぜいけないの？	18
第4章	働いても豊かに暮らせない人が多いの？	24
第5章	昔と今とでは、教育はどうちがうの？	30
第6章	新しい感染症が流行しているの？	36
第7章	裁判はどのように行われるの？	42
第8章	消費者問題にはどんなものがあるの？	48
第9章	死刑はなくならないの？	52

第1章 子どもが少なくなると、どうなるの？

昔に比べて、子どもの数も割合も減っています。どうして子どもが減っているのでしょうか。また、子どもが減ると、どんなことが起こるのでしょうか。

子どもの数が減り続けている！

子ども（15歳未満）の数や割合が減り、高齢者（65歳以上）の割合が増えることを、少子高齢化と言います。日本では、急速に少子高齢化が進み、問題になっています。

生まれてくる子どもの数が減っているため、日本人全体にしめる子どもの割合が下がっているのです。

まず、日本の子どもの数がどれくらい減っているかを調べてみましょう。

2014（平成26）年の小学生は、約660万人です。ところが、これまでに最も多かった1958（昭和33）年には、約1349万人もの小学生がいました。2014年の56年前には、およそ2倍の小学生がいたのです。

1949（昭和24）年に生まれた子どもの数は、約270万人だったのに、2014（平成26）年では、過去最少の約100万人となっています。

1人の女の人が一生の間に平均して何人の子どもを産むかを表す数字を、出生率と言います。出生率も大きく下がり、1949（昭和24）年では4.32だったものが、2014（平成26）年では1.42になっています。現在は、子どもの数が1人か2人という家庭が大半です。

子どもが減っているのはなぜ？

このように子どもの数が減っているのには、いくつかの理由があります。

まず、夫婦が何人くらいの子どもを持ちたいかという考え方が変わっていることが挙げられます。昔は、農家などでは、子どもは働き手と考えられていましたから、多くの子どもを生むのがふつうでした。1組みの夫婦にきょうだいが4、5人いる家庭が多かったのですが、1960年代からは、子どもが1人か2人の家庭が増えました。

社会に出て働く女の人が多くなったことも理由の1つでしょう。女の人が外で働くことで、結婚する年齢が高くなることや、結婚しない場合も増えています。

女の人が働きながら子育てをするには、おじいさんやおばあさんなどの手伝いも必要です。しかし現在は、多くの家庭がおじいさんやおばあさんとは別々に生活しています。小さい子どもを預けられる保育所もじゅうぶんではなく、だれもが預けられるとは限りません。

子どもを育てるのに教育費などのお金がたくさんかかることも、子どもをあまり生まない原因になっているようです。

子どもの数が減っている！

1960年代を境として、子どもの数がだんだん少なくなるようになりました。

1960年代ころまで

1組みの夫婦に4、5人の子どもがいることが多かった。上の子が弟や妹の面倒を見ることもめずらしくなかった。

1960年代ころから

1組みの夫婦の子どもは、1人か2人のことが多くなった。

子どもが少ないのはなぜ？

生まれてくる子どもの数が少なくなっているのには、いくつかの理由があります。

子どもは1人か2人でじゅうぶんだね。

子どもを預けるところがない。

働き続けたいので、結婚は当分しないつもり。

大勢の子どもを育てるのはお金がかかる。
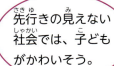

先行きの見えない社会では、子どもがかわいそう。
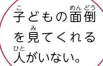

子どもの面倒を見てくれる人がいない。
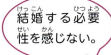

結婚する必要性を感じない。

第1章 子どもが少なくなると、どうなるの？

高齢者が増え、若者が少なくなると…

子どもが少なくなると、どうなるでしょう。

同じ学年の人数が少なければ、高等学校や大学などの受験競争が、厳しくなくなるのでよかったと考える人もいるかもしれませんが、実は、困ることのほうが多いのです。

日本全体の、年齢ごとの人口を考えた場合、子どもをふくむ若い年齢の人たちの割合が少なくなり、高齢者（65歳以上）の割合が高くなっています。これは医療技術などの進歩によって平均寿命がのび、高齢者の数が増えていることも関係しています。

国民の全体にしめる高齢者の割合が14％をこえる社会を高齢社会と言います。日本は2013（平成25）年で高齢者の割合が25.1％にもなり、世界で最も高齢社会が進んでいる国になっています。さらに、2030年には、31.6％になるという予測もあります。

人間は、年をとるにつれてしだいに体力がおとろえていきますから、高齢者はいずれ働くことができなくなります。病気にもかかりやすくなるので、医療費もかかります。その医療費は国によって、つまり国民が国に納めた税金によって支払われるので、高齢者の面倒を見るのは、働いて税金を納めている、若い世代の人たちなのです。

高齢者を支えると考えられる、15～64歳の世代を生産年齢人口と言います。2005（平成17）年には、生産年齢人口約3.3人が1人の高齢者を支えている計算でしたが、2015（平成27）年には、約2.3人で1人、2040年には、約1.5人で1人の高齢者を支えなければならないという予測があります。このように、子どもの数が減るにしたがって、若い世代の負担が多くなっていくのです。

日本の人口は減っちゃうの？

このまま子どもの数が減り続ければ、日本全体の人口も減っていきます。人口が変わらないためには、出生率が2.07くらい必要とされますが、2014（平成26）年では1.42です。2008（平成20）年、日本の人口は約1億2808万人でピークとなり、その後は少しずつ減っています。2050年ごろまでには、1億人を切るのではないかと予測されています。

人口が減って、しかも高齢者の割合が高くなることは重大な問題です。働く人が少なくなると、国を支えている産業の力が弱くなり、ひいては日本の国としての力が弱くなってしまいかねません。

いったん減り始めた人口を、元にもどすことは、簡単なことではありません。仮に出生率が上がり始めても、すぐには人口は増えず、何年もかかって、やっと増える方向に向かうのです。しかし、実際には、出生率は低い数字で安定したままで、上がる見通しはないようです。

このままでは、日本の人口はずっと減り続けることになります。計算上では、いつか、地球上から日本人がいなくなってしまうことになるかもしれません。

若い世代の負担が増す

高齢者が増えて若い世代が少なくなると、若い世代の1人当たりの負担が増える。

2005年	2015年	2040年

およそ7人で2人の高齢者を支えている。	およそ5人で2人の高齢者を支えている。	およそ3人で2人の高齢者を支えている。

「日本国勢図会2015/16」

これからの日本の人口は？

日本の人口は、歴史上ほぼ増え続けてきました。

しかし、2008年にピークとなった後、じょじょに減るようになりました。

このペースで減っていくと、2050年ごろには1億人を割り、2100年ごろには、5000万人を下回ると予想されています。

日本の人口の移り変わり　2015年以降は推計

「日本国勢図会2015/16」

昔の教室には子どもがいっぱい！

1950年代から60年代には、小学校の1クラスの人数は、40人以上でした。1947～49年に生まれた子どもが多く、この世代の子どもが小学生になるころは、午前と午後に分けて授業を行うこともありました。

1960年ごろの教室。子どもたちであふれている。　写真：時事

世界の人口は増え続ける

日本の人口は将来少なくなると予想されていますが、世界の人口は増えていくと予想されています。2015年の約73億人から、2050年までには90億人をこえると言われています。特に多くなるのは、アジアとアフリカです。

第1章 子どもが少なくなると、どうなるの？

子育てしやすい世の中をつくろう

子どもの数が少なくなることは、国にとって大きな問題です。どうしたら、子どもの数を増やすことができるのでしょうか。

それには、子どもの数が減っている原因を解決する必要があると考えられます。具体的には、まず女性が働きながら子どもを育てやすくなるような環境を整えることが挙げられます。

女性が子どもを預けて働きたいのに、預ける施設がない状態の子どもを**待機児童**と言います。待機児童は、2014（平成26）年の時点で全国に約2万人います。その状態を解消するために、国は2017年度までに待機児童をゼロにすることを目標に、子どもを預けられる施設を増やすことなどを計画しています。

育児・介護休業法という法律では、子どもが生まれてから1年2か月までは、男性も女性も**育児休業**という休みがとれる制度があります。

また、育児休業が終わって再び働くようになっても、育児のために休みがとれたり、働く時間がある程度自由になったりすることも必要です。

女性が子育てと仕事を両立するには、パートナーである男性の協力は欠かせません。育児・介護休業法は2009（平成21）年に改正され、男性も育児休業をとれるようになりました。男性で育児休業をする人も増えてきてはいますが、2013（平成25）年で、約2％の人しかいません（女性は約76％）。法律はできても、会社などで

の理解と協力がなければ、男性が育児に参加するは、なかなか難しいというのが現状なのです。

国だけではなく、自治体でも出産や子育てを応援する制度があります。例えば、保育所から中学校までの給食費を無料にしたり、2人め以降の児童の保育料を安くしたりする自治体があります。また、3人め以降の子どもが生まれると、お祝い金としてまとまったお金がもらえる市もあります。

このように、働く人が子どもを育てやすいような社会にしていくことが大切なのです。

ロボットや外国人にたよることも…

子どもが減れば、人口も減ります。働く人が減れば、国の産業がおとろえてしまうことにもなりかねません。そうならないためにはどうしたらよいでしょう。

さまざまな産業で、ロボットや人工知能（AI）などを活用して、人が働く部分を減らすことも考えられています。

また、外国人を受け入れることも考えられます。日本では、これまで、外国人の労働者を積極的に受け入れていませんでした。それによって日本人で働けない人が増えることが心配されたからです。しかし、介護分野を中心として、労働力が将来不足することが予想されています。それを補うには、外国人の労働者を増やす必要がありますが、働くための資格や給料のこと、職場環境や生活環境など、考えなければならない問題がたくさんあります。

国や自治体が行っている少子化対策

夫婦が子どもを育てやすくなり、少子化を防ぐために、国や地方自治体でも、いろいろな対策をとっています。

費用の面で、出産や育児を応援するために、それらの費用を無料にするほか、一部をまかなっている自治体があります。

●給食費が無料●

●2人目以降は保育料無料●

●3人目以降にはお祝い金●

会社も子育てに協力を

出産後も女性が働きやすいような環境を整える会社が増えてきています。制度を整えるほか、オフィスに保育所を設ける会社なども出てきています。しかし、現実には、まだまだ育児休暇などの制度をじゅうぶんに利用することは難しいようです。

会社にある育児所。　　　　写真：時事通信フォト

でも、まだまだ…

いそがしいのに産休をとられると困るんだよなあ。

男性なのに育児休暇をとるなんて…。

子どものおむかえだからって、途中で帰っちゃって…。

人口も子どもも減った日本は…

人口が減り、若い世代が減ると、労働力が少なくなってしまいます。そこで、将来の日本では、介護分野を中心に、外国人労働者が増えると予想されています。また、作業をロボットに任せられる分野は、積極的にロボットを導入するようになるでしょう。

ロボットが大活やく

外国人の労働者が増える

第2章 どんな犯罪が増えているの？

犯罪は、社会のようすを反映すると言われています。昔に比べて、どんな犯罪が増えているのでしょうか。

全体の犯罪の発生は減っているが…

2013（平成25）年の日本の犯罪の件数は、約190万件でした。2002（平成14）年の約370万件を最高にじょじょに減っていき、平成に入って、初めて200万件を切りました。

全体の犯罪件数は減っていますが、近年増えている犯罪があります。

インターネットを利用した犯罪

わからないことや知りたいことがある時、インターネットで検索すれば簡単に調べられます。また、服などを買いたいけれど買いに行く時間がないような時は、ネット通販を利用することがあります。さらに、友だちに用事を伝える時に、スマートフォンなどを使って連絡をすることもあります。このように私たちの生活は、インターネットと深く結びついています。

便利なインターネットですが、インターネットを利用した犯罪が近年増えています。

例えば、インターネットを使って銀行などの口座にお金をふりこむことや、口座の残高を確認することをインターネットバンキングと言いますが、このインターネットバンキングを行う

コンピュータをウイルスに感染させて、コンピュータを不正に操作し、無断でお金を移動させる犯罪があります。

また、本人しか知らないパスワードなどの情報を使って、インターネットを利用してコンピュータを不正に操作したりする犯罪もあります。このような犯罪を、サイバー犯罪と言います。

サイバー犯罪の中でも特に増えているのが、ネットワーク利用犯罪です。代表的なものは、次のようなものが挙げられます。

まずは、インターネットを使ったさぎです。あるサイトにアクセスした時に、何気なくボタンをクリックすると、「入会手続きが完了しました。○日以内に○万円ふりこむように」などのメッセージが出ます。これが、ワンクリック料金請求というさぎです。

ほかには、インターネットに接続されたコンピュータに違法な映像を保存して、これを多くの人に見せることなどがあります。

これらの犯罪には、顔を合わせる必要がないのでだれが行ったのかがわからず、犯罪を行った証拠も消されやすいという特ちょうがあります。インターネットはだれでも見ることができるので、あっという間に被害が広い範囲におよぶ危険があります。

インターネットを使ったさまざまな犯罪

オンライン端末の不正操作

コンピュータを操作して、他人が銀行に預けているお金を、無断で移動させる。

パソコンを、コンピュータウイルスに感染させる。

そのコンピュータを、不正に操作する。

銀行口座のお金を移動し、自分のものにする。

なりすまし

他人のIDやパスワードを無断で使って、コンピュータを不正に使用する。

インターネットを通じて、他人のIDやパスワードを不正に知る。

別の人のふりをする。

コンピュータを不正に操作してお金を引き出したりする。

ワンクリック料金請求

ホームページ上のサイトのボタンをクリックすると、料金を請求するメッセージが表示される。

何気なく、アイコンをクリックする。

○日以内にふりこみをしなさいと表示される。

だまされて、お金をふりこんでしまう。

第2章 どんな犯罪が増えているの？

悪用される個人情報

現代は、テレビや新聞などからだけでなく、インターネットからもさまざまな情報を得られる、**情報社会**です。

情報社会には、便利な点も多いのですが、気をつけなければならないこともいろいろあります。中でも大切なのは、**個人情報**を必要以上に、他人に知られないように注意することです。

住所や氏名、電話番号や年齢などの個人情報を不正に入手し、それを利用してお金をだましとる犯罪を行う者もいるのです。

例えば、ある日、「お客さまの携帯電話から利用された『総合情報サイト』において、支払われていない料金があります。お支払いいただかないと家や会社にうかがいます。くわしくは○○までお問い合わせください」と書かれた手紙が届きます。そして受け取った人が問い合わせをすると、「本日中であれば間に合う」や「はらわないと裁判になる」などと説明し、多額の料金を請求し、口座にふりこませたり郵送させたりします。面倒だからと少しでもはらってしまうと、相手はさらに多くのお金の支払いを求めてきます。

ぬすまれる個人情報

現在は、さまざまな情報がコンピュータで整理され、保存されています。そして、それらコンピュータどうしはインターネットで結ばれているために、悪意のある者が、個人情報のデータをコピーしたり、通信回線を通じて取り出し

たりすることもあります。

また、役所には、地域の住民のいろいろな情報があります。金融会社には、だれがいくらお金を借りているかなどの情報もあります。2015（平成27）年に、日本年金機構から年金情報がもれたように、大切な情報がもれて、大きな問題になることもあります。

個人情報をできるだけ守るには

個人情報を保存している会社などは、悪意ある者から、個人情報がぬすまれないように防がなくてはなりません。これは**個人情報保護法**という法律で決まっています。

この法律は、個人情報を5000件以上あつかう事業者に対するもので、事業者は個人情報を集める時、何に使うかをできるだけはっきりさせ、そのほかの目的に個人情報を使ってはいけません。

例えば、懸賞を行う会社が、応募者の名前や住所、電話番号を書いて応募してもらった場合、その情報は、当選者を選び、商品の発送に使うのであり、商品の宣伝の手紙を送るためなどに使ってはいけないのです。

また、集めた個人情報はつねに正確に保ち、外へもれたりしないよう、じゅうぶんな管理が必要です。また、個人から苦情があった場合は、適切な対応をしなければなりません。

しかし、自分でもできることはあります。インターネットでは、見ず知らずの人に個人情報を簡単に教えないようにすることです。

さまざまな個人情報

ひとりひとりにある名前や生年月日、住所などの個人情報が他人に知られると、悪用されるおそれがあります。

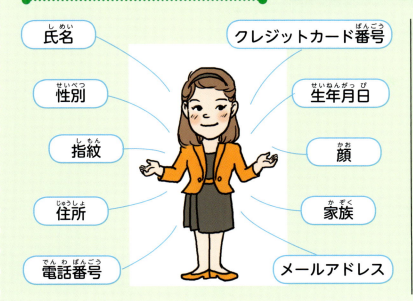

氏名 / 性別 / 指紋 / 住所 / 電話番号 / クレジットカード番号 / 生年月日 / 顔 / 家族 / メールアドレス

例えば…

私は○○というものです。100万円お借りしたい。

個人情報をぬすむ方法は

コンピュータや名簿などから、個人情報がぬすみ出されるおそれがあります。

インターネットを通じて

インターネット通販などを利用したことがあれば、商品を買った店に個人情報が残っています。コンピュータウイルスなどでその情報がもれることがあります。

学校など団体の名簿を買う

学校などではクラスの児童や生徒の名簿をつくっています。その名簿が買い取られ、情報がもれることがあります。

懸賞やアンケートから

企業などの懸賞や、街角でのアンケートなどが、本来の目的以外に使われることがあるかもしれません。

個人情報保護法とは

会社などは、個人情報保護法で、個人情報をもらさないようにする義務があると決められています。

個人情報を集める目的をはっきりさせなければならない。

集めた目的以外の目的のために個人情報を使ってはいけない。

集めた個人情報を勝手にほかの会社や団体などにわたしてはならない。

個人情報について苦情などがあった場合は、適切な対応をしなければならない。

第2章 どんな犯罪が増えているの？

ストーカー犯罪も増えている

サイバー犯罪と同じように、近年増えているのが、ストーカーによる犯罪です。ストーカーとは、ある人に対する好きな気持ちやうらみに思う気持ちが強く、その気持ちが満たされないときに、くり返し相手につきまとったり、自宅や学校などで相手を待ちぶせしたりする人のことです。

ストーカー犯罪を防ぐための法律は、**ストーカー規制法**です。1999（平成11）年に埼玉県で起こったストーカーによる殺人事件をきっかけに、2000（平成12）年にできました。ストーカー行為を受けている人が、その事実を警察にうったえると、ストーカー行為を行っている人へ警察から警告がされ、その警告に従わない場合はたいほされることもあるという内容です。

メールによるストーカー行為も

2012（平成24）年、神奈川県でストーカー殺人事件が起こりました。女の人が、以前交際していた男に殺されてしまったのです。このケースでは、男が女の人に、半月ほどの間に約1000通もの大量のメールを送りつけていました。しかし、このメールの内容から違法行為でないと警察が判断し、男はたいほされませんでした。その結果、悲しい事件が起こってしまったのです。

この事件をきっかけに、ストーカー規制法が、2013（平成25）年に改正され、しつこくメールを送ってくることも、罰の対象になりました。

結婚相手から受ける暴力事件

結婚している相手から暴力を受けることを**ドメスティック・バイオレンス（DV）**と言います。日本語にすると、「家庭内暴力」という意味です。DVは、2004（平成16）年には約1万4000件でしたが、2013（平成25）年には約5万件へと急激に増えています。

DVそのものは以前からあったのですが、2001（平成13）年にDVを罰する**DV防止法**がつくられたことで、それまではうったえなかった被害者が、犯罪としてうったえるようになったから増えたのではないかと思われます。

DV法は、2001年以来3回改正が行われ、DV被害者の保護に力を入れています。例えば、3回目の2014（平成26）年の改正では、結婚しているという条件からさらに広げ、いっしょに暮らしている人からの暴力も、DVとして認めるようになりました。

犯罪にあわないために

インターネットでの犯罪にあわないためにも、あやしげなサイトは見ないようにしましょう。ウイルス対策ソフトはつねに最新のものにするとよいでしょう。そして、インターネット上で使うIDやパスワードは、生年月日などわかりやすいものにせず、いろいろなサイトで使い回さないようにすることが必要です。

ストーカーの被害にあったり、DVが行われたりしているのを見たら、すぐに警察に相談をするようにしてください。

ストーカー犯罪の例

いやがっている人につきまとったり、待ちぶせしたりするのは、ストーカー行為と言われ、犯罪であるとされています。

待ちぶせやつきまとい

通学や通勤の途中で待ちぶせしたり、しつこくつきまとったりする。自宅の近くにいて、ようすをうかがったりすることもある。

メールを送る

短い期間に、たくさんのメールを送る。メールアドレスを変えても、新しいアドレスを調べてまた送ってくる。

ストーカー犯罪を防ぐ法律

ストーカーによる犯罪が起こり、犠牲者が出る事件が起こったため、ストーカー犯罪を防ぐ法律がつくられました。

2000年 ストーカー規制法

ストーカー行為を受けている人が警察にうったえると、ストーカー行為をしないようにとの警告が出されます。従わない場合は、たいほされることもあります。

2013年 ストーカー規制法改正

しつこくメールを送ってくることも、ストーカー行為であると定められました。

DVが起こるわけ

家庭内で暴力が起こる原因はさまざまです。ひどい言葉をかけるのもDVにふくまれます。

相手は絶対に反撃をしてこないとわかっている。

やさしい時もあるので、がまんしてしまう。

暴力で相手を屈服させ、自分の劣等感を晴らす。

被害者は、自分1人では生きていけないと思っている。

犯罪から身を守る

個人情報をもらさない

個人情報がもれることで犯罪に巻きこまれることがあります。個人情報をもらさないようにしましょう。

早めに相談する

心配なことがあれば、早めにおうちの人や、警察、専門の相談所などに相談しましょう。

第2章 どんな犯罪が増えているの？

少年犯罪は増えている？

少年（未成年の男女）が殺人などの重大犯罪を起こすと、テレビなどで大きく取り上げられるため、少年犯罪が増えているように思われがちです。しかし実際は、少年犯罪は、1980年代をピークに、じょじょに減っています。2014（平成26）年には、第二次世界大戦後で、最も少なくなりました。また、殺人や強盗のような凶悪犯罪の数も減ってきています。

少年を守るための少年法

一般の成人が犯罪を起こした場合、どれくらいの罪になるかは、刑法という法律で決められています。しかし、犯罪を起こしたのが少年だった場合に、どのように裁くかは、少年法という法律で決められています。

未成年者は、正しいことと正しくないことの区別がじゅうぶんにできないので、罪を犯した少年に罰をあたえるというよりは、その行いを改め、正しい大人に育つように保護しなければならないという考え方があります。少年法は、この考え方に基づいて定められています。罪を犯した少年を守るための法律なのです。例えば、強盗をしても、14歳未満であれば罪に問われず、14歳以上20歳未満であれば、成人より刑が軽くなります。

報道でも、少年の場合は、実名や写真が出ることはふつうはありません。これも、少年法の精神に基づくものです。

少年法があるために、かえって少年犯罪が増えるのではないかと考える人もいます。罪を犯しても成人より軽い処分ですんでしまうから、軽い気持ちで罪を犯してしまう少年もいるのではないかということです。

凶悪な少年犯罪があると、このような議論が起こり、少年法が改正されてきました。以前は、16歳未満の犯罪には刑罰をあたえられませんでしたが、2001（平成13）年には、14歳未満になりました。また、18歳未満の場合、期限のある懲役（刑務所で働かされる罰）は最高が15年でしたが、2014（平成26）年には、20年に引き上げられています。

2016（平成28）年に、選挙権が20歳以上から18歳以上に変わりました。そこで、少年法でも、少年の年齢を20歳未満から18歳未満に変える可能性も出てきました。

少年法改正に賛成？ 反対？

少年犯罪に対する処分を重くしたほうがよいかどうかをめぐっては、長い間、議論が続いています。賛成の人は、処分を重くすれば犯罪がおさえられると考えます。反対する人は、処分を重くすることは、少年法の考え方には合っていないし、罰が重いから犯罪をしないという少年は少ないだろうと考えます。

どちらの立場も、少年犯罪を減らしたいという願いは同じでしょう。少年犯罪が起こるのは、本人や家庭だけでなく、社会にも原因があるという人もいます。だとすれば、少年犯罪の原因をよりくわしく調べ、その解決策を見いだしていくことも、社会全体の責任でしょう。

少年法の考えは…

少年法は、未成年の少年（男女とも）の犯罪について裁くために、特別に定められた法律です。

少年は正しいこととそうでないことの区別がじゅうぶんについていないことを考えなければいけない。

少年は、成人とはちがうので、同じようには裁けない。

罪を犯した少年が、正しい大人になるように保護する。実名も顔も出さない。

少年が罪を犯した時の処分

少年が罪を犯すと、年齢や、犯罪の重さによって、裁かれます。
裁判は家庭裁判所で行われますが、一般には公開されません。

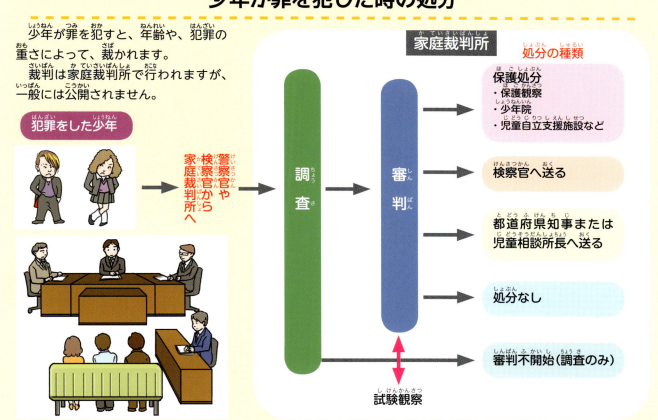

家庭裁判所

犯罪をした少年 → 警察官や検察官から家庭裁判所へ → 調査 → 審判

処分の種類
- 保護処分
  ・保護観察
  ・少年院
  ・児童自立支援施設など
- 検察官へ送る
- 都道府県知事または児童相談所長へ送る
- 処分なし
- 審判不開始（調査のみ）

試験観察

少年の罪を重くする？

罰を重くすれば犯罪が減るはずだ。

凶悪犯罪は、成人と同じように罰をあたえるべきだ。

成人ではないから、重い罰をあたえるべきではない。

家庭や社会にも原因があるんだ。

たばこやお酒、薬物はなぜいけないの？

第3章

未成年者がたばこを吸うことと、お酒を飲むことは法律で禁じられています。また、薬物はどんな場合でも禁止されています。どうして禁止されているのでしょうか。

たばこのさまざまな害

大人が**たばこ**を吸ったり、**お酒**を飲んだりするところは見たことがあるでしょう。また、テレビやポスターなどで、**薬物**や**ドラッグ**は絶対に使ってはいけないと言っているのを、見たり聞いたりしたこともあると思います。

20歳までは、たばこを吸ったりお酒を飲んだりはできません。また、薬物はいっさいだめです。これらは法律で決められています。ここでは、それがなぜかを考えていきましょう。

たばこは、もともとアメリカ大陸で植物のタバコの葉に火をつけ、そのけむりを吸っていたのが始まりです。今では、タバコの葉を細かくして紙で巻き、フィルターをつけたものがほとんどです。

たばこを吸うと、ストレスがおさえられるという人もいます。しかし、たばこを吸う人がある期間たばこを吸わないと、いらいらして落ちつきがなくなります。このような症状を、**依存性**があると言います。

たばこやたばこのけむりには、ニコチンやタールなど有害物質が200種類以上ふくまれ、がんや心臓病などの原因になると言われています。

未成年者は、体が発育する時期にあり、有害物質の影響を受けやすく、依存症にもおちいりやすいことから、未成年の喫煙は法律で禁止されています。

最近では、たばこが有害であることは広く知られるようになり、たばこを吸う人の割合は、減り続けています。

お酒も子どもには悪い影響がある

いっぽう、お酒は、世界各地で古くからつくられていた、アルコールをふくむ飲み物です。

一度に飲み過ぎると急性アルコール中毒になって意識がなくなったり、ひどい時は死ぬこともあります。また、長い間飲み続けると、肝臓などを悪くすることもあります。たばこと同じように、お酒を飲まないと落ち着きがなくなったり、手がふるえたりすることもあります。

子どもの体は、大人に比べて小さく、成長していくとちゅうです。そのため、たばこもお酒も、子どもには悪い影響が強く出ます。また、自分をおさえることがじゅうぶんにできないので、たくさん吸ったり飲んだりしてしまいます。そこで、20歳になるまでは、たばこもお酒も禁止されているのです。また、20歳未満の人にたばこやお酒を売った人は罰せられます。

さまざまなたばこの害

たばこは、がんを始め、さまざまな病気の原因になる危険性が高いとわかっています。周りの人にも影響があります。

- 喉頭がん
- 食道がん
- 肺がん
- すい臓がん

たばこを吸うことが習慣になって、やめられなくなることがある。

おなかの子や赤ちゃんにも悪い影響がある。

周りの、たばこを吸わない人にも悪い影響がある。

さまざまなお酒の害

お酒は、飲み過ぎや飲み方に気をつけないと、害が出ることがあります。

イッキ飲みによる急性アルコール中毒

依存性

長期飲酒による肝臓などの悪化

アルハラって何？

人にお酒を無理にすすめることをアルハラ（アルコールハラスメント）と言います。日本では、大学生などの間で、無理にお酒を飲ませることがあります。

第3章 たばこやお酒、薬物はなぜいけないの？

やめられなくなる薬物

薬物というのは、ドラッグとも呼ばれ、わずかな量であれば、病気の治療などに役立つこともあるけれど、量によっては、人の体にたいへん悪いものです。また、医薬品を医療以外の目的に使うことも、体には害をおよぼします。

薬物にはコカイン、ヘロイン、大麻、覚せい剤、アヘン、合成麻薬（MDMA）など、いろいろな種類があります。粉や錠剤、カプセルなどのほか、たばこのように吸ったり、注射器で体に取り入れたりします。

薬物を持っていたり、薬物のもとになる植物を育てたりすることは、法律で禁じられています。また、海外から日本に持ちこむことも禁止されており、厳しくチェックされます。

薬物を使うと、気持ちが高ぶったり、実際にはないものが見えたり、ずっと起きたままになったりします。

薬物にはたいへんおそろしい点があります。人間の脳をこわし、考える力をなくしたり、骨や歯、内臓をぼろぼろにしたりするのです。もっとよくないのは、薬物依存と言って、一度でも薬物を使うと、なかなかやめられなくなり、だんだん使う量が増えることです。薬物を使った人が、わけがわからなくなって人をおそったり、自分を傷つけたりすることもあります。

薬物をやめることはとても難しく、専門の病院などに入らなければなりません。大変な苦労をしてやめられたとしても、体は元にはもどりません。

しのびよる危険ドラッグ

2000（平成12）年ごろから世間に出回り始めたのが、危険ドラッグです。これは、ヘロインや覚せい剤に近いはたらきをする薬物で、持っていたり使ったりすることは法律で禁じられています。危険ドラッグの症状は、はいたり、体がふるえたり、息ができなくなったりして、死んでしまう場合もあります。

危険ドラッグは、ハーブやかおりのついた油など、人体に無害な製品をよそおっています。これらはインターネットなどで売られているので、ふつうの人でも手に入れやすく、軽い気持ちで吸ったりのんだりする人もいます。しかし、危険ドラッグは、麻薬や覚せい剤を少し変えただけのものなので、危険性は同じか、場合によっては麻薬などより高いこともあります。

初めは軽い気持ちで…

薬物は、私たちみんなの敵です。薬物を使う本人はもちろん、薬物を乱用することで自分をコントロールできなくなり、凶悪な犯罪を起こして、多くの人に害をあたえます。

薬物を使う人は、初めは、好奇心や、1回くらいならという、軽い気持ちで使います。ところが、いつでもやめられると思っても、やめられなくなります。一度でも薬物を経験すると、簡単にはやめられず、どんどん深みにはまってしまうのです。

どのようなことがあっても、薬物に手を出してはいけません。

いろいろな薬物とその害

薬物には、持っていることさえ法律で禁止されているものや、本来の使い道とはちがって、薬物として用いられるものがあります。

コカイン
コカという植物の葉が原料で、麻酔薬として使われる。血圧や体温が上がり、鼻づまりや鼻水が見られる。

ヘロイン
ケシからつくる。白い粉で、水にとける。はき気がして、目のどうこうが開き、呼吸が浅くおそくなり、引きつけを起こす。

大麻
アサという植物の葉をたばこのように吸う。からせきが出て、目が充血する。頭がもうろうとする。

覚せい剤
白く、水にとけやすい。かすみ目を起こし、ねむれなくなる。ふるえが出ることもある。

危険ドラッグ
人体に害がないように見せかけた薬物。一見安全そうに見えるが、麻薬や覚せい剤のように危険性が高い。

シンナー
本来、塗料などをうすめるために使われる。頭がふらふらし、周りのものの大きさや形が変わって見えたりする。

おそろしい禁断症状

薬物依存症になると、薬物がない時に禁断症状が出る。

幻覚を見る
見るものが、実際より大きく見えたり小さく見えたり、ゆがんで見えたりする。

自分を傷つける
判断がつかなくなり、自分の体を傷つけることがある。ひどい場合には死ぬこともある。

人を傷つける
周りの人間が自分をおそおうとしていると思い、人を傷つけることがある。

薬物がもとになった戦争

19世紀半ば、イギリスは、貿易による利益をあげるため、清（中国）に、こっそりアヘンという薬物を輸出していました。アヘンはヘロインと同じで、ケシのしるからつくり、黒いかっ色をしたかたまりになります。いつも吸うようになると、力がぬけたり、やる気がなくなったりします。

清では、アヘンの中毒になる人が増えた上、貿易の利益も減ったため、役人を送ってアヘンを処分しました。これをきっかけに、イギリスと清との間で戦争が起こりました。これをアヘン戦争と言います。

第3章　たばこやお酒、薬物はなぜいけないの？

若い人も薬物に簡単に手を出す

以前は、薬物と言えば、使ったり、あつかったりしているのは、おもに暴力団などの限られた人の間だけでした。ところが、最近では、学生や主婦のように、ごくふつうの人でも薬物を使うことが増えています。

例えば、2014(平成26)年に、大麻を持っていたり、使っていたりしてつかまった人たちのおよそ半分は、未成年もふくむ30歳未満の若者でした。2013(平成25)年には、高校生がコンビニエンスストアに忘れたさいふの中から、大麻が見つかったという事件もありました。

これは、インターネットが広まったことで、ふつうの人でも薬物を手に入れやすくなっているからと考えられます。自分の名前を明らかにせずに、情報のやりとりができるインターネットで、薬物を売りますという情報を流しているのです。せっかくの便利なインターネットが、悪い取り引きに利用されているのです。

また、少女が、スマートフォンの出会い系アプリで知り合いになった大人から、薬物を無理やり打たれるという事件も起こっています。

友だちや知り合いから、薬物とは知らされずに、「いい気持ちになる。」とか、「つかれがとれる。」「やせる。」とか言われて、薬物を使ってしまったという例もあります。

一度薬物に手を出してしまうと、さらに薬物を手に入れるために、周りの人に薬物を売るようになることもあります。こうして、どんどん薬物が広まってしまうのです。

たばこ、お酒、薬物から自分を守ろう

それでは、人はどのような気持ちの時にたばこ、お酒、薬物に手を出してしまうのでしょうか。

まずは、今までしたことのない体験をしてみたいという気持ちや、スリルを味わいたいという気持ちなどの、好奇心を持った時です。次に、多くのストレスや、いやなことがあって、「どうでもいいや」と投げやりな気持ちになったときです。

また、先ぱいや友だちからたばこやお酒をすすめられることもあるでしょう。本当は「いやだな」と思いながらも断りきれずに、ついつい受け入れてしまう場合もあります。

このような時に大事なことは、たばこ、お酒、薬物がどれほど有害であるかを正しく理解し、自分を大切にする気持ちを忘れないことです。そして、さそわれても、はっきりと断る勇気と意志を持つことです。

将来、友だちや知っている人から、薬物をすすめられることがあっても、絶対に断ってください。また、薬物と言われないですすめられることがあることも覚えておいてください。

そして、もし、周りに薬物を使っている人を見つけたら、ためらわず、警察に伝えてください。それが、その人はもちろん、その人の家族や自分、また、私たちの社会全体を守ることにつながるのです。

薬物が広まるルート

薬物はどのように一般の人の手にわたるのだろうか。

薬物のもとになる植物を育てたり、薬物をつくったりする組織。

ひそかに薬物をつくっている組織や人。

↓

犯罪組織の手にわたる

薬物を資金源とする暴力団などにわたる。

↓

一般の人の手に

売人と呼ばれる人から一般の人へ。インターネットでの取り引きも行われる。

薬物体験者の体験談

仕事が忙しく、つかれがたまっていました。知り合いから覚せい剤をすすめられ、軽い気持ちで試しました。その後結婚しましたが、覚せい剤の量は増えていきました。会社を休むことが多く、仕事でのミスも増えました。子どもが生まれたころは、毎日覚せい剤を使うようになっていました。ついに会社もくびになり、妻とも別れることになりました。

10代の時に、好きだった男性から覚せい剤をすすめられました。その時は、薬はよくないとは思いませんでした。あっという間にやめられなくなっていきました。警察につかまり、刑務所に入っているときは、もう薬はしないと思っていましたが、刑務所を出ると、再び薬に手を出すようになりました。両親を裏切ってしまったことに後かいしています。

厚生労働省資料「ご家族の薬物問題でお困りの方へ」、大石クリニックHPより要約

たばこ、お酒、薬物をすすめられた時の断り方

「もう大人だからいいだろう。」

「親（先生）にしかられるから。」

「たばこくらい、みんな吸ってるぜ。」

「みんなと自分はちがうからいいよ。」

「これ、飲むとやせるんだって。」

「やせたいとは思わないわ。」

23

第4章

働いても豊かに暮らせない人が多いの？

まじめに働いていても、ぎりぎりの生活しかできない人が増えていると言われます。どうしてこのようなことになってしまうのでしょうか。

ワーキングプアって何？

ワーキングプアという言葉を、テレビや新聞で目にしたことはないでしょうか。これは、フルタイムで働いてもじゅうぶんなお金がもらえない、働く人たちのことです。これらの人は、経済的には自分1人が生きていくことで精いっぱいで、趣味や旅行などに使えるお金はじゅうぶんではありません。

毎日毎日、朝から晩まで一生けん命働いているのに、どうして少ないお金しかもらえないのでしょうか。

日本経済の悪化が原因に

1980年代、日本では土地の価格や株価がどんどん上がりました。土地や株の価格は、それが欲しい人が多ければ多いほど上がっていきます。しかし、そのころ、土地の値段や株価が上がったのは、実体のないものだったので、あわがはじけるように不景気になってしまいました。それまでの好景気をバブル経済と言います。日本経済は、1990年代初めにバブルがはじけ、長い不景気の時期に入りました。

景気が悪くなると、企業は赤字にならないように何か手を打たなければなりません。企業が働く人をやとうお金を人件費と言いますが、赤字にならないための1つの方法として、人件費を少なくするということを行いました。

働く人をやとうのに必要なお金には、まず働いている人にわたすお金、つまり給料や賞与（ボーナス）があります。そして、病気やけがをした時に負担が低くなる健康保険や、仕事をやめた後に国からお金をもらう年金保険などの社会保険のお金があります。企業が人件費を少なくする方法としては、働く人の給料や賞与を減らすことと、社会保険などのお金を減らすことが考えられます。

企業が活用する 非正規雇用の人とは？

社員の種類には、大きく分けて2つあります。正社員と言われる正規雇用の人と、非正規雇用の人です。非正規雇用の人とは、具体的には、アルバイトやパートタイムで働く人、契約社員や派遣社員のことです。契約社員とは、1か月や6か月、1年間などと働く期間をあらかじめ決め、それが終わるとあらためて契約をして働く人です。また派遣社員とは、企業の必要に応じて、働きたい人を登録している会社から派遣されて働く人です。

正規雇用者と非正規雇用者のちがい

	働き方	収入	保険
正規雇用者	働く時期の期限を決めないで働く。	安定している。非正規雇用者に比べると多い。	社会保険に入ることが義務。費用の一部を会社が負担する。
非正規雇用者	働く期間を決めて働くことがある。	安定しない。正規雇用者に比べると少ない。	社会保険の保険料を、自分ではらっていることが多い。

正規雇用者と非正規雇用者の割合の移り変わり

1990年代初めから景気の悪い時期が続き、非正規雇用者の割合が高まってきました。2015（平成27）年には、働く人のおよそ3分の1が、非正規雇用者です。

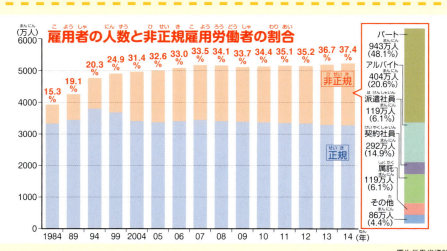

雇用者の人数と非正規雇用労働者の割合

厚生労働省資料

第4章 働いても豊かに暮らせない人が多いの？

企業には便利な非正規雇用の人

企業にとっては、正社員よりも非正規雇用の人をやとうほうが、人件費は安くなります。

給料や賞与について考えると、アルバイトやパートタイムの人であれば、正社員よりも働く時間が短く、主に給料は働いた時間分の時給制なので、正社員よりも給料は少なくなります。また、契約社員や派遣社員は、アルバイトやパートタイムの人よりも給料は高いことが多いですが、正社員と比べれば低い場合が多く、正社員がもらえる賞与もない場合があり、あっても正社員よりも少ない額です。ですから、企業としては、非正規雇用の人を多くするほうが、給料にかけるお金は少なくなるのです。

社会保険について考えると、アルバイトやパートタイムの人は、一定の条件を満たす人を除いて会社がお金をはらわなければならない社会保険に入る必要がありません。契約社員は社会保険に入らなければなりませんが、派遣社員は派遣している会社で社会保険に入るので、派遣されている会社では入る必要がありません。つまり、社会保険についても、非正規雇用の人を増やしたほうが、企業がはらうお金が少なくなる場合が多くなります。

また、企業にはいそがしい時とそうでない時があります。いそがしい時は多くの人が必要になりますが、そうでない時は、少ない人でもすみます。しかし、企業が、企業の都合で、正社員の人をやめさせることは、簡単にはできません。そうであれば、少ない正社員に重要な部分をまかせ、それ以外は非正規雇用の人で仕事を進めるほうが、企業としてはお金がかからずにすみます。

正社員でもワーキングプアに

しかし、非正規雇用でなく、正社員であればワーキングプアにならないのかと言えば、そうでもありません。

大企業や世界的な競争力のある企業は、収入を上げるしくみができているので、その企業の正社員がワーキングプアになるおそれは低いでしょう。しかし、日本の企業の約99％の割合をしめる中小企業の中には、まだまだ売り上げがのびずに、借金をしながら経営を続けているところも多くあります。そのような状態の中小企業の正社員になると、労働時間が長い割りに給料が低く、ワーキングプアになってしまうこともあります。

ワーキングプアが増えていく

高校や大学などを出て就職しようとしても、大企業の正社員の数は少ないので、中小企業の正社員や、契約社員や派遣社員、アルバイトやパートタイムという非正規雇用としての就職しかできない人も多くいます。このような人たちの中から、新しいワーキングプアが生まれるおそれがあります。

また、ワーキングプアの年齢が高くなっています。これは、非正規雇用から正規雇用へと転職することが、なかなか難しいことを表しています。

会社の立場と働く人の立場

会社	働く人
人件費が安くなる非正規雇用の社員を多くやといたい。 	 正規雇用の社員として働きたい。
会社も負担するので、できれば社会保険は加入したくない。 	 社会保険にきちんと加入したい。
景気が悪くなったら、非正規雇用の社員をやめさせよう。 	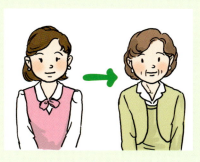 将来も同じ職場で働いて安定したい。

ワーキングプアを生む社会のしくみ

ワーキングプアと呼ばれる人が生まれるのは、社会のしくみにも原因があると言われています。企業が、社会で生き残っていくためにはやむを得ない面もあり、みんなで考えなければならない問題です。

働く人
給料が少ないので、使えるお金も少なくなる。

企業
不景気で、会社がつぶれないように、非正規雇用を多くやとったり、給料を少なくしたりする。

社会
消費が少ないので、景気が悪くなる。

第4章 働いても豊かに暮らせない人が多いの？

ブラック企業が生まれた理由

ブラック企業とは、正規雇用か非正規雇用かにかかわらず、長い時間働かせたり、厳しいノルマを課したり、賃金や残業代をはらわなかったりして、人材を使い捨てにする企業のことです。また、パワーハラスメント（上司からのいやがらせなど）やセクシャルハラスメント（性的いやがらせ）などもよく見られ、パワーハラスメントによって、社員が自殺に追いこまれ、ニュースで報道されることもあります。

1950年代の後半から1970年代の前半にかけて、日本は、高度経済成長という、めざましい経済の発展をとげました。それを支えた要因の1つに、日本の企業と社員の関係があります。経済の発展にともない、するべき仕事も多くなり、社員は長い時間働いたり、単身ふ任を命じられたりと、働く環境は厳しくなりました。

しかし、企業は働く人に対して、定年まで働いてもらうことや、家賃の補助などの手当を出すこと、長く勤めればその分給料も上がることなどを約束しました。

しかし、1990年代の初めに日本経済が悪化したことから、企業はできるだけ支出を減らすことを考えました。そこで、社員への補助や、将来や給料の保証をやめたり減らしたりする企業も現れました。しかし、長時間の労働や、厳しい条件での労働は変わらなかったのです。

学生バイトにもブラックが…

ブラック企業は、外食産業や介護業、小売業などで見られ、特に新しくできた企業に多く見られます。

ブラック企業の被害にあうのは、社会人だけではなく、学生のアルバイトを対象としたブラックバイトも見られるようになりました。

ブラックバイトとは、アルバイトの学生に重すぎる責任を負わせるために、学生が授業や課外活動などの学生生活を送れなくなってしまうアルバイトのことです。具体的には、「バイトリーダー」などの役職につかせ、会計やアルバイトの採用など、本来は社員が行うような業務を任せます。アルバイトの人数が足りなければ自分が出勤しなければならず、その結果、学校の授業や試験が受けられずに留年や退学をしなければならなくなることもあります。

国のブラック企業対策

あまりにもブラック企業が多いという現状から、厚生労働省はその実態を調査し、労働基準監督署は、働く環境の監督を強化しました。

しかし働くことについての法律である労働基準法では、労働時間の上限は事実上定められてはいませんし、パワーハラスメントなども、取りしまりの対象になっていません。企業や経営者の方針によって悪い環境がつくられている側面があります。

ワークングプアを生み出しやすいブラック企業やブラックバイトは、労働力を使い捨てにしているという点で、大きな社会問題になっています。このままでは日本の将来にも影響してきます。一刻も早い国の対応が望まれます。

さまざまなブラック企業

休みがとれない！
体調が悪い時でも、親族に不幸があった時でも、休みをとらせてくれない。

ノルマ（目標）が厳しい！
売上ノルマが高過ぎて達成できない。達成できないと給料が減らされてしまう。

人が足りない！
人件費を低くするために、最低限必要な人数も確保してくれず、おかげで長時間労働・連続出勤が続いてしまう。

残業代が出ない！
仕事があり過ぎるので当然残業。終電で帰れない日も多くあったが、すべて残業代の出ないサービス残業だった。

辞めさせてくれない！
あまりの激務で体をこわしたので辞職を申し出た。しかし人手不足を理由に、なかなか辞めさせてくれなかった。

上司がいやがらせする！
私の部下が失敗をした。それを理由に、上司が私をみんなの前で大声でしかったり、無理な仕事をおしつける。

パワーハラスメントって何？

会社の上司や同僚などが、仕事上の上下関係や権利関係を利用して、いやがらせを行うことを、パワーハラスメント（パワハラ）と言います。

大勢の前で失敗を責めたり、責任をおしつけたりすることなどがあります。

ブラック企業対策

企業名を公表する
従業員を違法に長い時間働かせることについて、1年間に3回注意を受けた大企業は、社名を公表する。

電話相談を行う
かこくな労働で体をこわしたり、精神的に病んでしまったりした人が、電話で相談できる窓口をつくる。

ハローワークでの求人を受けつけない
明らかに法律違反をして、従業員にかこくな労働を強いる会社には、ハローワーク（就職をあっせんする公的機関）での求人を受けつけない。

第5章 昔と今とでは、教育はどうちがうの？

国の将来を考える上で、どのような教育を行うかということが重要です。国際化や情報化が進む現代。時代の変化に合わせて、教育の方針も変わってきています。

義務教育と教育の始まり

みなさんは、学校に通い、勉強していますね。日本では特別な理由がない限り、満6歳を過ぎると小学校に入学し、中学校を卒業するまでは、必ず学校に行かなければならないことになっています。小学校は6年間、中学校は3年間、合計9年間は、子どもを学校に通わせることが国民の義務であるため、この期間の教育を**義務教育**と呼びます。

日本では、明治時代初めに教育制度が定められ、学校がつくられました。強い国をつくる上で、教育が大事だと考えられたからです。

でも、初めのころは、子どもを学校に通わせなければならないという考えがなかなか広まらず、子どもたちのほとんどが学校に通うようになったのは、20世紀初めごろのことです。

そのころ、子どもたちは、日本の国を治める天皇と国のためにしっかりつくしなさいと教えられていました。これは1945（昭和20）年に日本がアメリカなどとの戦争に負けるまで続きました。

戦前と戦後で変わった教育

戦争が終わると、さまざまな改革が行われました。天皇が国を治めるというそれまでのしくみから、国民みんなが選んだ人たちが話し合いで政治を進めていく民主主義というしくみに変わったのです。

このとき、教育についての考えも大きく変わりました。

教育基本法という法律が定められ、民主主義の世の中に合った教育をしていくことになりました。ひとりひとりが個人として大事にされ、豊かな個性を持った人をのばしていく教育がめざされることになりました。

男女共学となり、男女が助け合い、同じように学ぶことになりました。戦前は、女子は進めない学校もありましたが、戦後はそのような差別はなくなりました。また、戦前は、全国どこでも文部省（現在の文部科学省）が決めた同じ教科書を使っていましたが、戦後は、それぞれの地域や学校に合ったものを選べるようになりました。

日本の教育は、教育基本法の考えをもととし、どの学年で、どのような教科があり、どのような内容を学ぶかは、文部科学省が定める**学習指導要領**で決められます。これは、学校で授業時間をふり分けたり、先生が教える内容を決めたりする時のもとになるものです。

昔と今の教育のちがい

昔

国につくすために学ぶ
1890（明治23）年に出された教育勅語が基本方針。天皇を敬い、国のためにつくすことが中心。教育勅語は儀式などで読み上げられた。

男女は不平等
男子は中等学校、高等学校、大学と進めたが、女子は、高等女学校、女子高等師範学校などに進み、大学には入れなかった。

教科書はみんないっしょ
1904（明治37）年から、小学校では国が定めた教科書（国定教科書）を使っていた。国に都合のよい内容をもりこみやすい。

今

教育基本法がよりどころ
1947（昭和22）年に定められた教育基本法に基づく。日本国憲法の精神をふまえ、真理と平和を求める人間を育てることが目的。

男女が平等に
男女平等の教育となり、高校や大学にも女子が入学できるようになった。教育内容も、一部を除き男女とも同じになった。

選べる教科書
学習指導要領に沿った内容の教科書を教科書会社がつくり、文部科学省の検定に合格したものの中から教育委員会などが選ぶ。

外国の教育制度

アメリカ
国全体の決まりはなく、州ごとに年数のふりわけ方がちがう。優秀な人は、短期間で上の学年に進める飛び級もある。

中国
小学校は6歳での入学が基本だが、7歳から入学の地域も少なくない。小学校3年生から英語教育がある。

ドイツ
小学校の4年間が終わった10歳で、職業訓練を受ける職業学校に進むコースか、大学進学をめざすコースを選ぶ。

第5章

昔と今とでは、教育はどうちがうの？

つめこみ教育、受験戦争

戦争に負けた日本でしたが、1955（昭和30）年ころまでには戦争の痛手から立ち直り、国はまた発展していきました。

産業もさかんになり、高い教育を受けた人を求める会社も増えてきました。戦争前は、義務教育が終わったら働く人が大半で、上の学校に進む人はごく限られた数しかいませんでしたが、1955（昭和30）年ころからは、高等学校や大学などに進む人もだんだん多くなってきました。

やがて、大きな会社に入るためには、入学するのが難しい高校や大学へ進んだほうがよいという考えが社会の中に広まりました。また、学習指導要領で、義務教育の間に学ばなければならないと決められていたことは、今よりずっとたくさんありました。

そのため、とにかく、たくさんのことを暗記して、テストでよい点数をとることが大切だという考え方の**つめこみ教育**になっていきました。**受験戦争**という言葉もできるほど、高校や大学の受験競争が激しくなり、学力をつけさせるために、子どもを塾に通わせる親も増えてきました。そのいっぽうで、授業についていけず、内容がわからないままになってしまう子どもが、「落ちこぼれ」と呼ばれて問題になりました。

さらに、そのころはまだ今のように、さまざまな価値を求める考えがとぼしく、地域ごとの特ちょうを生かしたり、ひとりひとりの個性をのばしたりする教育は、おろそかになりがちでした。

ゆとりある教育に方向転換

1970年代は、つめこみ教育や受験戦争がピークをむかえたころです。日本が豊かになり、上の学校へ行くよゆうのある人が増え、ますます競争が激しくなりました。このころの子どもたちは勉強することが多く、成績だけで価値を判断されることもありました。

しかし、このような知識にかたよった教育はおかしい、子どもたちをかえってだめにするのではないかという声がしだいに高まりました。1970年代の終わりごろから、ゆとりを持って学ぶことで、自分で考え、問題を解決できる能力が身につくような教育を行うようにと、学習指導要領の方針が変わりました。そこで、学習する内容を減らしたり、上の学年に移したりしました。これが**ゆとり教育**の始まりです。

このような方針を受けて、1990年代初めから、学校週休2日制が始まり、2002（平成14）年には、毎週週休2日制になりました。教科や授業内容も変化しました。1990年代に、小学校1年生と2年生では、社会科と理科を合わせた生活科が取り入れられました。

2002（平成14）年の学習指導要領の改訂からは、「生きる力をはぐくむ」ことが大きな目標にかかげられました。小学校3年生以上で、地域や学校、児童の関心に沿ったテーマを決めて学ぶ、総合的な学習の時間が取り入れられました。これは、自分たちで課題を見つけ、判断し、問題を解決する力をつけさせることを目標としていました。

進学率ののび

太平洋戦争（1941～45年）が終わってすぐのころまでは、義務教育を終えるとすぐに働くのが当たり前でした。しかし、その後、国が豊かになるにつれて、高い教育が必要という考えが広まり、高校や大学への進学率が高くなりました。

それにともなって、高校や大学に入るための受験競争も激しくなっていきました。

1970年ごろ
高校に行くのは80％くらい。大学に行くのは20％くらい。

1990年ごろ
高校に行くのは96％くらい。大学に行くのは35％くらい。

2010年ごろ
高校に行くのは96％くらい。大学に行くのは55％くらい。

心配される学力の低下

先進国の子どもの学力を調べるためのPISAでは、科学的な力、数学的な力、読解力を調べています。日本は2003年から2006年に、世界の中での順位が落ちました。

実は学力は落ちていなかったのですが、ゆとりある教育をおしすすめた結果ではないかという声が高まり、教育の方針が見直されることになりました。

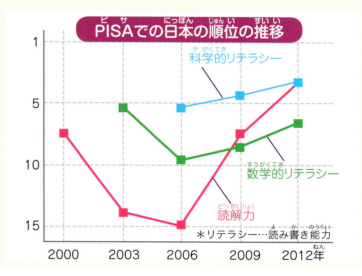

PISAでの日本の順位の推移（科学的リテラシー／数学的リテラシー／読解力）
＊リテラシー…読み書き能力

学習指導要領がめざすもの

生きる力をつける
「自分で考える力」「自分で判断する力」「自分を表現する力」などをまとめた、「生きる力」をもつ子どもを育てることが大きな目標。

自ら学ぶ力をつける
社会がどのように変化しても、自分で課題を見つけて学び、考える力が必要。

「総合的な学習の時間」
小学校3年生以上で行う、地域や学校、児童・生徒の実態に合わせて、自分で課題を見つけ、問題を解決していく学習。

達成度を重視した評価に
順位による成績ではなく、目標に対してどう取り組み、どのような成果を上げられたかを評価する成績となった。

第5章 昔と今とでは、教育はどうちがうの？

ゆとり教育からの転換

現在の学習指導要領は、2011（平成23）年に小学校が、2012（平成24）年に中学校が実施されました。それまでの学習指導要領では、1970年代の受験戦争やつめこみ教育の反省から、授業時間数や学ぶ内容が少なくなっていました。これに対し、学習内容が少なくなって子どもの学力が低下するという心配や、学校での時間にゆとりができた分だけ塾などに通う時間が増えることなどを心配する声もありました。

それらの意見もふまえて改訂された学習指導要領は、これまでと同じように「ゆとり」か「つめこみ」かではなく、「生きる力をはぐくむ教育」を目標にしています。具体的には、基礎的・基本的な知識や技能を身につけ、それらを生かすのに必要な思考力や判断力、表現力などをはぐくみ、主体的に学習に取り組む態度を養うことをめざしています。

そのいっぽうで、変更されたところもあります。1980（昭和55）年の改訂から減り続けていた授業時間が、30年ぶりに増えました。また、教科では、小学校5年生と6年生で外国語活動が新たに追加されました。この外国語活動とは、外国語を通じてコミュニケーションを積極的に図ろうとする態度を育てることを目標としています。

道徳が教科となる

また、2015（平成27）年の一部改正では、小学校は2018年度から、中学校は2019年度から、道徳が特別教科として、検定教科書を使用した教科へと変更されます。

現在の道徳は、教科としてのあつかいではありません。使っている本は国が検定をした教科書ではなく、副読本です。これまでにも、道徳を教科としようとする動きもありましたが、ある特定の価値観や行動する時の意識をおしつけることになるのではないかとの批判があったため、実現しませんでした。今回も、「道徳は授業として教えられる内容ではない」、「検定教科書を使うので国の価値観のおしつけになる」などと批判する声も上がっています。

将来はデジタル教科書になる？

学ぶ内容や目標とともに、教科書も変化しようとしています。

文部科学省は、2017（平成29）年を目標に、パソコンやタブレット、電子黒板などを、学校教育の現場に広めようという取り組みをしています。

その1つとして、現在の紙の教科書から、タブレットなどに教科書の内容を入れたデジタル教科書に変えようとしています。すでに全国の公立の小中学校の約80％で使われている電子黒板と組み合わせると、文字や写真だけでなく、音声や動画を利用して、わかりやすく、より魅力的な授業をすることができます。しかし、いっぽうで、音読する時は紙の教科書のほうがよいなどという意見や、電子機器をそろえるための費用はどうするのかなどという問題も残っています。

教育の方針の変化

つめこみ教育
1970年代までは、知識をどんどんつめこむような教育が行われました。テストで高い点数をとることがよいことだという考え方がありました。

ゆとり教育
ゆとりを持って学ぶことで、子どもが自分で考え、問題を解決できることをめざすようになりました。学校で学ぶ内容が減らされました。

生きる力をはぐくむ
国際化や情報化が進んでいることに合わせ、「生きる力」を身につけられるようにという方針が出されました。知識をうまく使って考え、判断する力が大切とされています。

教科になる道徳

小中学校で、道徳が教科になることが決まっています。主に、次のような内容をあつかうことになります。

自分に関すること
毎日の生活で健康や安全に気をつけること。勉強や仕事など、自分がしなければならないことをしっかりすること。

人との関わりに関すること
相手の立場を思いやること。あいさつをして明るく接すること。小さい子や高齢者に親切にすること。友だちと仲よくすること。

集団や社会との関わりに関すること
約束や決まりを守ること。みんなのために働くこと。郷土の文化に親しむこと。他国の人々や文化について理解すること。

命や自然との関わりに関すること
命を大切にすること。自然に親しみ、生き物に優しくすること。

教科書がデジタルに!?

明治時代に現在の教育制度のもとができてから、教科書はずっと紙の本でした。

現在は、音声が聞けたり、動画が見られたりするデジタル教科書がつくられるようになっています。授業の進め方も、これまでとは変わりつつあります。

タブレットで見られるデジタル教科書。

デジタル教科書を映し出す電子黒板。

写真：東京書籍

第6章 新しい感染症が流行しているの？

感染症には、人の命をうばうものもたくさんあります。近年、新しい種類の感染症が起こるようになり、その影響が心配されています。

感染症とは？

私たちの周りには、たくさんの微生物がいます。微生物とは、顕微鏡などを使わないと見られないほど小さい生物のことで、細菌やカビ、ウイルス、原生生物（アメーバやゾウリムシなど）などです。

微生物には、私たちにとってよいものもありますが、悪いものもあります。悪い微生物は、病気の原因となる病原体になって、人の体の中に入り、いろいろな症状を引き起こします。この病原体による症状が感染症で、人に移ります。病原体に汚染されたものをさわったり、感染している人のせきやくしゃみを浴びたり、空気中にただよっているせきやくしゃみの一部を吸いこんだりすることで、感染します。インフルエンザや天然痘、ペストやコレラ、かぜや食中毒、水虫やものもらいも感染症です。

感染症との戦いの歴史

人と感染症の戦いの歴史はとても古く、エジプトで発見された約3000年前のミイラに、天然痘にかかっていたと思われるあとが見つかっているほどです。天然痘は、日本では8世紀に、アメリカでは16世紀に大流行し、多くの人が亡くなりました。しかし、世界各国の研究者の努力で、1980（昭和55）年には、天然痘が地球上からなくなりました。

また、約1500年前の東ローマ帝国では、ペストが流行したとの記録もあります。その後、14世紀にヨーロッパで大流行し、約2000万〜3000万人が死亡したとされています。

天然痘は完全になくなりましたが、ペストやインフルエンザなどの感染症は、まだ完全にはなくなっていません。

新しい感染症が登場

感染症がなかなかなくならない理由の1つに、病原体の微生物が、変異するということがあります。変異というのは、別の性質を持った生き物に変わることです。例えば、感染症の1つの鳥インフルエンザは、もともとは鳥どうしでの感染だけでした。しかし、ウイルスが突然変異をして、鳥からヒトにうつってしまう場合があります。

また、すでにヒトどうしでの感染が確認され、その症状や治療もわかっていた感染症が、原因不明の変異を起こすこともあります。その症状はそれまでとはちがうものとなり、治療のしようもなく、死ぬ危険がとても高くなります。

さまざまな感染症

感染症には、さまざまな種類があります。動物から人、人から人にうつって病気にかかる人が増えていきます。

インフルエンザ

インフルエンザウイルスによる呼吸器の感染症。症状は高熱やだるさ、せき、のどの痛み、はき気や頭痛など。毎年冬季に流行する。

天然痘

痘そう（天然痘）ウイルスによる感染症。症状は、皮ふに水やうみのできものができ、致死率が高かった。1980年に絶滅宣言がされた。

ペスト

ペスト菌による感染症。ネズミやノミをかいして感染する。症状はリンパ節がはれたり、高熱が出たりして、死ぬ割合が高い。日本では近年見られない。

マラリア

マラリア原虫が、カによってうつることが原因で広がる。高熱が出て、死んでしまうこともある。熱帯などに多い。

コレラ

コレラ菌が、飲み水や食べ物などについて人の体内に入ることでうつる。げりとはき気がする。

結核

結核菌が、せきやくしゃみ、つばなどから人にうつることで広がる。体重が減り、せきが出て熱が続く。昔は治りにくい病気だった。

戦争より多い感染症の被害

人類は、長い間にたくさんの戦争をしてきました。そして、多くの人が亡くなりました。

しかし、感染症で亡くなった人の数は、戦争で亡くなった人の数をはるかに上回ると言われています。

第一次世界大戦での死亡者も、多くはスペインかぜと呼ばれたインフルエンザが原因でした。

第6章 新しい感染症が流行しているの?

死ぬ人の割合が高い エボラ出血熱

エボラ出血熱は、1976(昭和51)年に、アフリカ中部にあったザイール(現在のコンゴ民主共和国)と、スーダン南部(現在の南スーダン)で発見された、エボラウイルスが原因の感染症です。

2014(平成26)年には、西アフリカのギニアで流行が始まり、シエラレオネ、リベリア、ナイジェリアへと感染が広がりました。そして、現地で感染した人が移動したことで、アメリカやスペイン、イギリスでも感染者が確認されました。アフリカ以外の地域でエボラ出血熱の感染者が発生するのは、初めてのことで、さらに広がることが心配されました。2015(平成27)年11月時点での全世界の感染者数は2万8600人で、死亡者数は1万1299人に上ります。日本での感染は確認されていません。

ウイルスの型は5種類で、種類によって25%から90%と、死んでしまう割合が変わります。

エボラウイルスに感染し発症すると、まず、高熱が出たり、頭痛・筋肉痛、のどの痛みなどが出たりします。その後、はいたり、げりをしたり、内臓の働きが悪くなったりします。また、血をはいたり、皮ふの下で出血したり、体の中のいろいろな場所で、出血が起こることもあります。ウイルスに感染して、3～22日で症状が出るとされています。

エボラウイルスに感染したコウモリやサルなどの野生動物の死体などをさわったことから感染が始まったと考えられます。エボラウイルスは、感染した人や野生動物の尿や汗、血液などにさわると感染します。なお、発症していない人からは、感染することはありません。

変異をくり返す 新型インフルエンザ

動物どうしや動物からヒトへとうつっていたウイルスが、ヒトからヒトにうつるように変異することがあります。そのようなウイルスを病原体とするインフルエンザを、新型インフルエンザと言います。突然変異しやすいウイルスなのです。

2003(平成15)年以降、世界各地で鳥インフルエンザウイルスに感染して死んだ人が出ました。これが、新型インフルエンザウイルスに変異するのではないかと心配されていました。

しかし、2009(平成21)年に世界的に流行した新型インフルエンザは、豚インフルエンザウイルスによるものでした。これはヒトどうしでも感染します。メキシコとアメリカで流行が確認され、日本でも約200人が亡くなりました。

新型インフルエンザのおそろしいところは、ヒトどうしでも感染するようになっているため、だれでも感染する可能性があるということです。さらに、現在は飛行機や長きょり列車などの交通網が発達しているので、あっという間に広がり、世界の各地で大流行するおそれがあることです。このような大流行は、パンデミックと呼ばれます。

エボラ出血熱の流行

エボラ出血熱は、1970年代以降、アフリカ大陸で流行をくり返してきました。

2014年には、アフリカ西部のギニアやシエラレオネ、リベリアを中心に流行し、看護をしていたスペイン人やアメリカ人もかかりました。アフリカ以外でエボラ出血熱が発生したのは初めてでした。

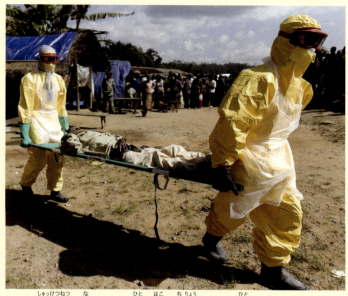

エボラ出血熱で亡くなった人を運ぶ治療チームの人。

写真：AFP＝時事

エボラ出血熱の特ちょう

発熱、頭痛、筋肉痛などが起こる。その後、食べ物をもどし、げりや出血が起こり、死亡する。

患者の血液やもどしたものにふれ、ウイルスが体内に入ると感染する。

せきやくしゃみ、つばなどでうつることはない。

新型インフルエンザが広まるしくみ

新しいタイプのインフルエンザが発生すると、飛行機などによる人の移動によって、あっという間に世界に広がるおそれがあります。

新しいウイルスが鳥などの動物から人にうつる。

新しいウイルスが、人から人にうつるように変わる。

ウイルスに感染した人は、病気の症状が出る前に、飛行機などで移動することがあるため、すぐに世界中に広がる。

パンデミックって何？

感染症が、世界的に大流行することを、パンデミックと言います。パンデミックが起こると、数千万人～数億人が亡くなることもあり得ます。現在心配されているのは、新型インフルエンザによるパンデミックです。

第6章 新しい感染症が流行しているの？

日本でも感染者が出たデング熱

日本では感染した人が長い間確認されなかったのですが、最近になって日本でも感染者が出た感染症があります。デング熱がそれです。

デング熱は、デングウイルスの感染によって起こる病気です。ウイルスを持ったネッタイシマカやヒトスジシマカ（ヤブカとも呼ばれます）などにさされることで感染します。人から人へ感染することはありません。

発症すると突然発熱したり、関節や筋肉が痛くなったりします。デングウイルスは4つの種類があり、同じ型のウイルスに再び感染しても軽い症状ですみますが、ちがう型のウイルスに感染すると、重症となり、死んでしまう場合もあります。

もともとはアフリカや中南米、東南アジアなどの暖かい地域の感染症でしたが、2014（平成26）年、日本国内で感染した人が160人も出ました。地球温暖化によって、これまで熱帯でしか確認されなかった感染症が、日本でも見られるようになったと考える人もいます。

韓国で流行したMERS

MERS（マーズ）とは、中東呼吸器症候群という名前の感染症です。その名の通り、中東地域（西アジアや北アフリカ）が発生源で、感染源はラクダとされていますが、感染ルートはわかっていません。感染しても発症しない場合もありますが、発症する場合は感染後3〜15日で、発熱やせき、息切れ、下痢などの症状が出て、さらに重症になると、肺炎を起こして死んでしまうこともあります。高齢の人や、糖尿病などの病気がある人は重症になりやすいようです。

2015（平成27）年5月には、韓国で流行しました。中東地域で感染した人が帰国後に発症し、入院した病院で、院内感染から拡大しました。感染者は180人以上、死者も40人以上も出ました。2015（平成27）年末には、韓国での感染者はいなくなり、流行は終わったと思われます。

国の新型インフルエンザ対策

新型インフルエンザの発生に備えて、日本政府も準備をしています。

海外で新型インフルエンザが発生したことがわかったら、国や都道府県に対策本部を設置します。そして、空港や港での検査を厳しくして、新型インフルエンザが国内に入らないようにします。同時に、万一入ってきた場合に備え、患者の受け入れや薬の準備などをします。

もし国内で発生した場合は、いつ、どこで、だれが新型インフルエンザにかかったかを確認して、国民に正確な情報を伝えます。そして国民にはワクチン（予防のための薬）を提供し、必要のない外出をひかえるように呼びかけます。また、新型インフルエンザについての相談窓口を開きます。国内での流行が始まったら、マスクや薬などの生活用品が不足しないよう、物資の流れをコントロールします。

私たちも、新型インフルエンザのおそろしさを知り、必要以上にあわてることなく、冷静に行動しなければなりません。

デング熱の感染のしくみ

デング熱は、原因となるデングウイルスが、カによって、感染することで広がります。ウイルスを持った人をさしたカが、別の人をさすことで、ウイルスが移るのです。

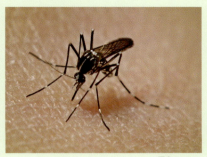

デング熱を移す、ヒトスジシマカ。
写真:PIXTA

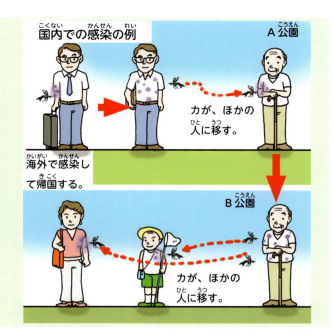

韓国で流行したMERS

2015年、韓国で、MERS（中東呼吸器症候群）という感染症が流行しました。
韓国国内で感染者やかん者が発生しました。
このため、中国や日本などから韓国へ行く観光客などが減りました。
韓国政府の対応のまずさによって、流行してしまったという声もありました。

空港で、海外から来た人がMERSにかかっていないかを調べる検査が行われた。
写真:EPA＝時事

新型インフルエンザへの対策

新型インフルエンザによる被害をできるだけ小さくするために、国が対策を立てています。

海外で新型インフルエンザが発生

あらかじめ、政府がどのような対応をするかが決まっています。海外で新型インフルエンザが発生したときは、政府が対策本部を立ち上げ基本的な方針を決め、海外からの国内に入ってくることを食い止めます。

国内に入ってくる

死亡率が高い感染症が国内でも発生した場合などは、政府が緊急事態宣言を出します。イベントをとりやめるようにさせたり、住民への予防接種、臨時の医療施設の開設などを行います。

第7章 裁判はどのように行われるの？

罪を犯した人を裁いたり、もめごとがあった時に、裁判が行われます。現在の裁判は、一般の人が参加する、裁判員制度が取り入れられています。

裁判って何？

みなさんは、裁判のことを知っていますか？「裁判」という言葉は、日常生活でもよく耳にしますが、自分が関わることはほとんどないでしょう。裁判について、ここで確認しておきましょう。

まずは、なぜ裁判が行われるのかについてです。みなさんが生活している社会には、いろいろな人がいます。好きなものや考え方、信じているものなど、みんなちがっています。それらの人たちの中で、ある人とある人が争いを始めたとします。2人はそれぞれ言い分があり、なかなか問題は解決しません。そのような時は、2人とは関係のない、問題を公平に見て最もよい結論を判断できる第三者に解決してもらうのがよい方法です。

また、人にけがをさせたり、殺してしまったりしたら、罰を受けなければなりません。その罪の重さを判断して罰をあたえることも、公平に見られる第三者に任せるのがよいでしょう。

しかし、この第三者が「人」であった場合、他人の人権をおかすことになるおそれがあります。そこで国が代わってこれを行います。この、国によって行われる判断が裁判です。裁判が行われる場所が裁判所で、その判断を行うのが、裁判官です。裁判官になるには、司法試験に合格して、1年間の研修を受け、その研修の卒業試験に合格しなければなりません。

司法権と裁判官の独立

裁判は、法律に基づいて国が行います。これを司法権と言います。国の権力は3つに分かれていて、司法権のほかに、立法権（法律をつくる権限で国会が持つ）と行政権（法律に基づいて政治を行う権限で内閣が持つ）があります。

この3つの権力はそれぞれ独立していて、これを三権分立と言います。おたがいがバランスをとることで、どの権力も行き過ぎのないようなしくみになっています。

また、裁判官は裁判をするにあたって、憲法と法律以外の何ものにも影響されないことが認められています。

このように、司法権と裁判官は、公平な判断を下すことができるように、独立が守られています。

このことは、日本国憲法第76条で、「すべての裁判官は、自分の良心に従って独立して裁判を行い、憲法と法律にのみ拘束される」と定められています。

裁判のようす

裁判は、ふつう、裁判所で行われます。裁判の種類や、段階によって、裁判所の種類が変わります。

裁判官のほかに、うったえる側とうったえられる側が出席して行われます。

原則として裁判はだれでも見ることができます。裁判を見学する人を、傍聴人と言います。

最高裁判所のようす（大法廷）。　　　写真：最高裁判所

司法と行政、立法の関係

国が裁判を行う権力は、司法権と言います。国の権力の中心となる三権の1つで、ほかの2つの権力（行政権、立法権）から独立しています。

司法

憲法と法律以外のものには影響されない。

良心に基づいて裁判を行う。

影響を受けない。

行政
政府、内閣、役所

立法
国会（衆議院、参議院）

第7章

裁判はどのように行われるの？

裁判の種類

裁判には、**民事裁判**と**刑事裁判**の2つがあります。民事裁判とは、人と人（会社などの場合もあります）の間で起こった争いごとを解決する裁判です。争いごとの例としては、お金を貸したのに約束した日までに返してもらえない場合や、勤めていた会社から納得できない理由でやめさせられた場合などがあります。

いっぽうの刑事裁判とは、人にけがをさせたり、殺人をしてしまったりなど、違反すると罰せられることをした人が、本当にそのような罪を犯したがどうかを判断し、もし罪を犯していた場合には、それに見合う罰を決める裁判です。

民事裁判はどのように行われるか

民事裁判は、裁判を起こした人を**原告**、裁判を起こされた人を**被告**と呼びます。原告が訴える内容（どんな判決を求めるのか、その裏付けは何か）を書いた**訴状**などを、裁判所に提出することで裁判が始まります。

裁判所は訴状を受け取ると、原告と被告が、おたがいに証拠を出し合って、どちらの主張が正しいかを争う口頭弁論の日にちを決め、原告と被告に伝えます。被告には訴状も送ります。口頭弁論が行われる法廷には、裁判官と裁判所書記官、原告とその弁護人、被告とその弁護人などが参加し、一般の人が見学することもできます。訴状を受け取った被告は、口頭弁論の日までに、訴状の内容についての答弁書を、裁判所に提出します。

裁判官は、口頭弁論で原告と被告の両方の言い分を聞き、提出された証拠をもとに法律に基づいて、**判決**（裁判の結論）を言いわたします。

刑事裁判はどのように行われるか

刑事裁判は、民事裁判のように人と人が争うものではありません。国を代表した検察官が裁判を起こして、罪を犯したのでないかと疑われている人（被告人）が、犯罪をしたかしていないかを証明していくのが、刑事裁判です。

人にけがをさせたり、殺したりする刑事事件が起こると、警察官などが犯人と思われる人をつかまえます。そして検察官が裁判所に、名前や何の罪に当たるのかなどを書いた起訴状を提出して、裁判が始まります。

被告人は、自分の代わりに検察官と話し合いをしてくれる弁護人をつける権利があります。裁判所は起訴状の内容を確認し、裁判をするに当たっての問題や調べるべき証拠について、裁判官、検察官、弁護人が話し合います。

そして、一般の人にも公開される法廷で、裁判官と裁判所書記官、検察官、被告人と弁護人、ときには証人（事実を証明する上で重要な証言をする人）などが立ち会って、事実の確認を行います。検察官と弁護人がともに意見を言い、被告人も最後に自分の意見を言います。そして裁判官が判決の内容を相談して決め、有罪か無罪か、有罪ならどれくらいの刑罰に当たるのかの判決を言いわたします。

民事裁判の流れ

民事裁判では、原告と被告がおたがいに、証拠を出し合いながら主張し、裁判官がそれを判断します。原告と被告には、ともに訴訟代理人（弁護人）をつけることができます。

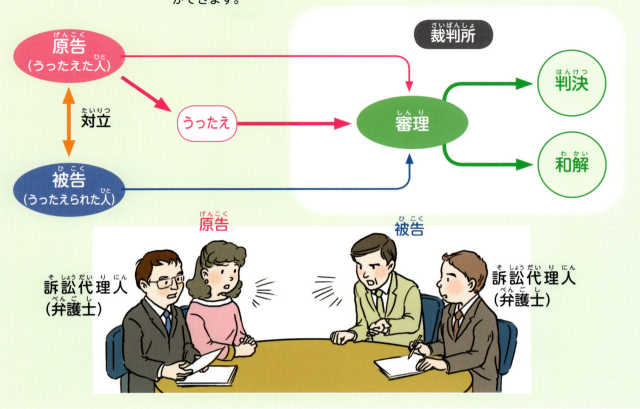

刑事裁判の流れ

刑事裁判では、罪を犯したとされる被告人が、有罪か無罪か、有罪ならどの程度の罪かを、裁判官が判断します。この手続きは、公判と呼ばれます。被告人には、必ず弁護人（弁護士）がつきます。

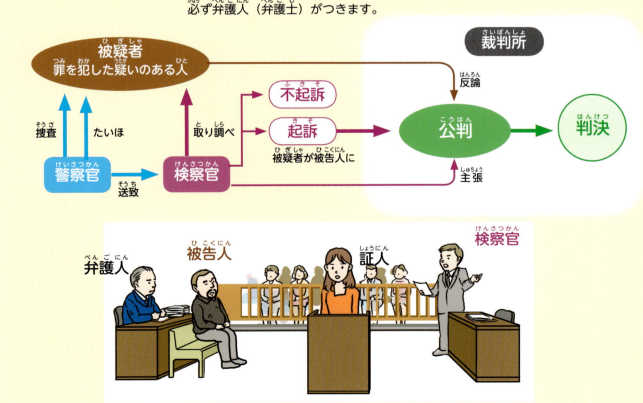

第7章 裁判はどのように行われるの？

裁判所の種類と三審制

裁判所には、最高裁判所、高等裁判所、地方裁判所、家庭裁判所、簡易裁判所があります。**最高裁判所**は、司法権の最高機関で、裁判の最終的な判断を下します。

高等裁判所、地方裁判所、家庭裁判所と簡易裁判所は、まとめて**下級裁判所**と呼ばれます。**高等裁判所**は全国に8か所あります。地方裁判所などでの判決に不満がある場合に、2回めの裁判が行われます。

地方裁判所は、全国に50か所あり、民事事件や刑事事件をあつかいます。**家庭裁判所**も全国に50か所あり、家事事件や少年事件をあつかいます。**簡易裁判所**は全国に438か所あり、少額の請求事件や罪の軽い事件をあつかいます。

被告人や検察が判決に不服がある時は、どちらからも裁判のやり直しを請求できます。1つの事件について、原則として3回まで裁判が受けられるので、三審制と言います。裁判が公正で慎重に行われ、人権を守ることと、裁判の誤りを防ぐことが目的です。

裁判員制度とは

裁判では、一般の人の中から選ばれた人が加わることがあります。これを、**裁判員制度**と言います。

国民が裁判に参加することで、裁判が身近でわかりやすいものとなり、裁判所への信頼が上がるようにと、2009（平成21）年に始まりました。国民が裁判に参加する制度は、アメリカやイギリス、フランスやドイツなどにもあります。

裁判員制度のしくみ

裁判員制度は、刑事裁判だけに取り入れられています。地方裁判所であつかう裁判のうち、殺人や放火などの重い犯罪についての裁判です。

まず、くじで候補者が選ばれます。候補者は裁判所へ行って、公平な判断ができるかどうかなどについての質問を受けます。1つの裁判につき、6人の裁判員が決まります。

裁判員は、3人の裁判官と共に法廷に立ち会い、裁判に参加します。検察官、弁護人や被告人、証人などの話を聞きます。この時、証人や被告人などに質問もできます。

次に、聞いた話や証拠について、裁判官やほかの裁判員と話し合います。そして、被告人が有罪か無罪か、有罪の時はどれくらいの罰をあたえるかを、みんなで決めます。話し合いをして、全員の意見が同じにならない場合は、多数決で決めます。こうして決めた結論を、裁判長が判決として法廷で伝えます。これで裁判員の役目は終わりです。

裁判員制度にはいくつか問題があります。何日かは必ず裁判に同席しなければならないのに、正当な理由がないと断れないこと、他人の人生を大きく変えることに関わることが、一般の人には重荷であることなどがあります。こうした声を受けて、内容の見直しも行われています。

裁判員制度の目的や意味をよく知り、生かしていきたいものです。

裁判は3度までできる

より公正な裁判を行うため、また、裁判でのまちがいを防ぐために、同じ事件については、3回まで裁判で争うことができます。裁判所の判決に納得がいかない場合は、上の裁判所にうったえることができます。

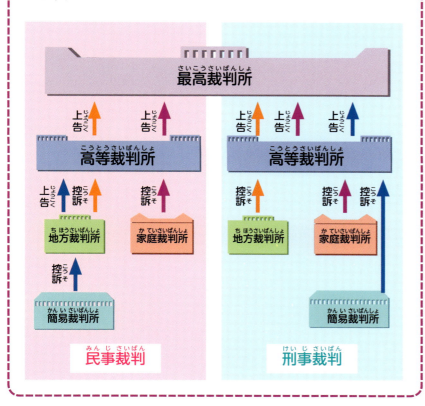

憲法に合っているかどうかは、裁判所が判断

最高裁判所は、司法権の最高機関であるとされ、全国で1か所だけあります。

最高裁判所をふくむすべての裁判所は、法律や裁判の判決が憲法に違反しているかどうかを審査し、判断する権利を持っています。

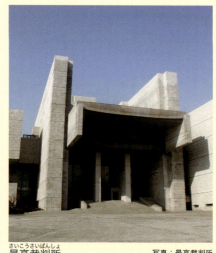

最高裁判所　　写真：最高裁判所

一般の人が参加する裁判員制度

裁判員は、くじで選ばれて決定します。裁判員は、裁判官とともに裁判に加わります。検察官や被告人などの話を聞き、証拠を確かめます。裁判官やほかの裁判員と話し合って、有罪かどうかを決めます。

裁判員の間で意見がまとまらない時は多数決で決めます。

裁判員に選ばれた人は、正当な理由なしに断れません。

裁判員は、裁判が終わっても、裁判官と裁判員とで話し合った内容をだれかに話してはいけません。

47

第8章

消費者問題にはどんなものがあるの？

商品を売り買いする方法が増えるにつれ、消費者がだまされるといった問題が起こっています。どんな問題があり、どのように防いだらよいのでしょうか。

私たちはみな消費者

買ったものがこわれていたり、買ったものでけがをしたりしたことはありませんか。また、インターネットで買った商品が届かなかったり、注文したものとちがうものが送られてきたりしたという話を聞いたことはありませんか。

私たちは、ものを買うということをぬきにしては、生活していくことはできません。食べ物や着るもの、勉強に必要なもののほとんどは、店などで買っているはずです。ものを買うということはとても大切なことなのです。

私たちがものを買って使うという立場であることを、消費者であると言います。

ものを買う時に起こるさまざまな問題を消費者問題と言います。生活をしていく上で、どのような消費者問題があり、それをどのように防いだらよいかを知っておくことはとても大事なことです。

消費者に起こるさまざまなトラブル

ものを買う時、買う人は、自分がほしいものかどうか、値段が適当かどうかを考えて買うはずです。ところが、中には、買う人をだますような商売のしかたがあります。このような商売のしかたを悪徳商法と言います。

例えば、町で歩いている人に「アンケートに答えてください。」などと声をかけて呼びとめ、アンケートが終わると高い商品を買わせるキャッチセールスというやり方があります。

また、家に電話をかけてきて、「以前お申しこみいただいた商品を今からお送りします。」などと、申しこんだ覚えのない商品を、いくら断っても強引に送りつけて、代金引きかえ配達で、代金を支払わせるというやり方も増えています。被害者の多くはお年寄りです。

インターネットが広がるにつれて多くなっているのが、インターネット通信販売でのトラブルです。例えば、ブランド品を注文したのに、にせものが送られてきたケースや、代金を前ばらいしたのに商品が届かないなどのケースがあります。その中でも特に多いのが、海外の業者とのやりとりで起こるトラブルです。

さらに、買ったものを、説明書の通りに使っていたのに、すぐにこわれてしまったり、けがをしたりすることもあります。食品が傷んでいて、食べられないこともあります。

消費者は、いつトラブルに巻きこまれるかわからないのです。

悪徳商法に気をつけよう

世の中には、さまざまな悪徳商法があります。悪徳商法にだまされないよう注意が必要です。

マルチ商法

「友だちを紹介すると、お金がもらえます」などとさそい、会員を増やして、お金をとる。

キャッチセールス

街角で、アンケートをとるふりをして声をかけ、学習教材や健康食品などを売る。

アポイントメント商法

電話で「あなたが当選しました」などと言って呼び出し、宝石などを買わせる。

インターネット通信販売でのトラブル

インターネットを利用した販売が増えているが、トラブルも起こるようになっている。

ホームページにのっているものとはちがう商品が送られてくる。

先に代金をはらったのに品物が送られてこない。

注文したものとちがうものが来たのに、もう会社がなくなっていて返品できない。

第8章

消費者問題には どんなものがあるの？

消費者を守る法律や制度

商品をつくる会社（企業）や売る業者に比べて、消費者のほうが弱い立場であることが多いため、消費者を守る法律や制度があります。

まず、商品によって起こる被害を防ぐことを目的とした、消費者基本法という法律があります。これは1968（昭和43）年にできた消費者保護基本法という法律が、2004（平成16）年に改められたものです。

消費者を保護するだけでなく、商品による被害にあわないように、消費者が自分で考え、行動できるようになることを助け、国や企業、業者が果たさなければならない責任を定めています。2009（平成21）年には、消費者が商品を原因とする被害にあわないように安全を確保する目的で、消費者安全法が制定されました。これらの法律で、消費者が害を受けた時に相談できる消費生活センターを設けています。また、同年に、消費者に関する事務をまとめて行う消費者庁が発足しました。

家を訪ねて商品を売る訪問販売や、電話で商品をすすめて売る電話勧誘販売などには、いったん商品を買う契約を交わしても、ある日数以内なら契約を取り消すことができる、クーリングオフという制度もあります。ただし、クーリングオフは、自分から店に行って買った商品や、インターネットなどを利用した通信販売には使えません。

1995（平成7）年には、商品の欠かんが原因で消費者が被害を受けた場合、その商品をつくった企業が、被害者を救わなければならないという、製造物責任法（PL法）が実施されました。さらに、2001（平成13）年からは、消費者が悪質な業者と結んだ契約を取り消せると定めた消費者契約法も実施されています。これは、業者が勧誘する時に、うそをついたり、都合の悪いことは説明しなかったりした場合、クーリングオフよりも長い期間にわたって、契約の取り消しをすることができるものです。

消費者には責任もある

ものの売り買いでは、消費者が主人公です。消費者にはさまざまな権利がある半面、自覚を持って行動する責任があります。

かしこい消費者になるには、商品についての正しい知識や、商品を選ぶための自分なりの基準を持つことが大切です。その商品がどこでどのようにつくられたかなど、商品に関する情報を確認します。そして、例えば、資源を大切にしてつくられた商品なのか、リサイクルしやすい点など、環境にやさしい商品なのかなどの観点でも見ます。これらは、私たち消費者が環境にやさしい行動をとり、地球を守ることにつながります。

また、インターネットなどの通信販売では、商品を売っている業者が信用できるかどうか、できるだけ情報を集めて判断します。

消費者が厳しい目で商品や業者を見ることで、よくない商品や、悪い企業や業者が減るはずです。そして、そうなることが、消費者自身の利益につながっていくのです。

消費者を守る法律

弱い立場の消費者を守るために、いろいろな法律が決められています。

消費者基本法
消費者の権利を守り、国や企業の責任がどこまであるかを決めている。

クーリングオフ制度
商品を買った後、一定の期間内なら、解約できる制度。

製造物責任法（PL法）
製品に欠かんがあった場合、企業が責任を持って被害者を救わなければならない。

消費者を守る機関

商品テストを行ったり、消費者からの相談を受けて解決したりする機関が設けられています。

国民生活センター
国民の生活をよりよくするために、情報を知らせたり、調査や研究を行ったりする。

商品の安全性を確かめている。

消費生活センター
地方公共団体の機関。消費者からの苦情を受けつけ、相談に乗る。生活に関する情報を知らせる。

消費者からの相談を受けている。

写真提供：(独)国民生活センター

消費者問題のことわざ
安物買いの銭失い

安いからと言って飛びついて買うと、こわれやすいものだったりして、かえって損をする。

かしこい消費者になるために

商品や、商品の選び方について、正しい知識を身につける。

通信販売などでは、その業者が信用できるかどうか、情報を集める。

第9章

死刑はなくならないの？

法律に反することをした場合、罰を受けます。罰のうち、最も重いものが死刑です。しかし、死刑はなくしたほうがよいと考えている人もいます。

死刑は最も重い刑罰

世の中には、してはいけないことがいろいろあります。人のものをぬすんだり、人を傷つけたり、勝手に人の家に入ったり…。

どのようなことをしてはいけないかは、法律で決まっています。そして、してはいけないことをした人は、警察などにつかまり、裁判を受けた後に、罰を受けることになります。

どんな罰を受けるかも法律で決められています。これを刑罰と言います。刑罰は、犯した罪によってちがいます。罰金の場合や、懲役と言って刑務所に入って働かされる場合などがあります。最も重い刑罰が死刑です。命をうばわれる刑罰です。

何人もの命をうばったり、人が住んでいる建物に火をつけて人を死なせたりした場合などに、死刑の刑罰を受けることがあります。

古い時代には、ものをぬすんだりしただけで死刑になったこともありますが、現在では、死刑になるのは、人の命をうばうほどの大きな罪を犯した場合に限られます。

このように、日本では、死刑がありますが、ほかの国では、死刑がないこともあります。日本でも、死刑はやめようという人もいます。反対に、死刑は残すべきだという人もいます。

死刑に賛成する人と反対する人は、それぞれ、どのような考えを持っているのでしょう。

刑罰を受けるのはなぜ？

罪を犯すと、なぜ刑罰を受けるのでしょうか。これには、いくつかの目的があります。

もし刑罰がなかったら、罪を犯す人が増えるでしょう。それでは、私たちは安心して暮らせません。刑罰には、人が犯罪をすることをためらわせるという目的があります。

次に、さまざまな理由で犯罪をしてしまった人が、そのことを悪いと気づき、正しく生きていくようにさせるという目的があります。これは、犯罪をしてしまった人も社会の一員であり、その人が正しく生きていく権利を認めようという考えに基づいています。

また、犯罪の被害を受けた人は、相手にしかえしをしたいと思うかもしれません。そういう人たちが勝手にしかえしをするようなことになると、社会は混乱してしまいます。そこで、犯罪者には国が代わって罰をあたえるという意味もあります。これらが刑罰の主な意味です。

これをふまえて、死刑について考えてみましょう。

死刑になる主な罪

死刑に当たる罪かどうかは、必ず法律で決められています。死刑になるのは、最も重い罪に対する場合と考えられます。

殺人

わざと人を殺す罪（殺人罪）。または、強盗が、人を殺してしまった罪（強盗致死傷罪）。

人のいる建物に放火する

人が住んでいる家や、中に人がいるとわかっている建物や電車などに火をつける罪（現住建造物等放火罪）。

内乱を起こす

国や政府をたおす目的で暴動を起こす罪（内乱罪）。国の外で行った場合も同様。

外国に日本を攻めさせる

外国と示し合わせて、日本を攻めさせ、国をたおそうとする罪（外患誘致罪）。死刑以外はない。

刑罰がある理由は？

犯罪を犯した人に刑罰をあたえるのは、いろいろな目的があると考えられています。

犯罪をする人を減らす

罪を犯せば罰を受けると示すことで、犯罪を思いとどまらせている。

正しく生きるようにする

罰を受けることで、心を入れかえ、罪を犯さないように生きるようになる。

被害者に代わって罰する

個人がしかえしをすることを防ぎ、被害者やその家族に代わって国が罰をあたえる。

第9章

死刑は
なくならないの？

死刑に賛成、反対。それぞれの意見

死刑をなくそうという人は、どのような考えなのでしょう。

「死刑にした後で、もしもその人が無実だったことがわかったら、取り返しがつかない。」「死刑にするより、生きてつぐないをさせたほうがよい。」「法律で人を殺してはいけないと定めているのに、国が死刑という殺人をするのはむじゅんしている。」「重い罪を犯した人であっても、その人だけが悪いのではなく、家庭や社会にも責任があったのかもしれないから、正しい道にもどれる機会をあたえなければならない。」これらが主な意見です。

逆に、死刑を残そうという人の考えはどのようなものでしょうか。

「犯罪のために、命をうばわれた人の家族の気持ちを考えると、犯人が命をうばわれないのでは、不公平であり、納得できるものではない。」「人の命をうばうなど、重い犯罪を犯した人は、その命をうばわれることでつぐなわなくてはいけない、これは社会の多くの人の気持ちである。」「死刑があることで、重い犯罪を犯そうとする人をおしとどめる力になっている。」などの意見があります。

死刑の次に重い罰は、期限を決めない無期懲役ですが、一定の期間がたつと、仮釈放されることがあります。死刑をやめようという人の中には、死刑をやめる代わりに、どんなことがあっても一生釈放されない終身刑という刑罰を設けようという人もいます。

いっぽう、死刑に賛成の人の中にも、今よりももっと重い犯罪をした場合だけに限ろうという人や、裁判で、裁判官全員の意見がまとまった時だけにしようという意見の人もいます。

また、終身刑を設けるという条件なら、死刑をなくしてもよいという人は増え、死刑を続けようという人が減るという調査結果もあります。

世界と日本の死刑は？

さて、あなたはどちらの考えに賛成しますか。どちらの考えも、それぞれにうなずける点があり、難しいでしょう。

国によって死刑がある国とない国に分かれるのもそのためです。19世紀の後半という早い時期から死刑をやめている国もあり、20世紀にはその数が増えました。しかし、いったん死刑をやめたのに、また取り入れた国もあります。社会のようすや国民の考えの変化につれて、変わることもあるのです。

日本でも、1950年代ごろから死刑をやめようという人たちの意見が高まってきました。

裁判で死刑が確定した後、新しい証拠が出てきたために裁判をやり直したところ、無実だった場合、えん罪だったと言います。えん罪事件があると、死刑をやめようという人たちの声が高まりますが、すぐには、死刑をやめようということにはならないようです。

人の命はたいへん重いものです。それだけに、死刑という刑罰をやめるのか残すのか、しん重に考えていかなければなりません。

死刑はあったほうがいい？ なくしたほうがい？

あったほうがいい

- 重い罪をつぐなうには、死刑があったほうがいい。
- 犯罪の数を減らすためには死刑があったほうがいい。

なくしたほうがいい

- 死刑をしてから、その人が犯人でないとわかったら、取り返しがつかない。
- 死刑は犯罪を減らすことにはなっていない。
- 一生刑務所から出られないようにする罰があるなら、死刑をなくしてもよい。

死刑のある国、ない国

ある

日本、アフガニスタン、バングラデシュ、中国、ヨルダン、朝鮮民主主義人民共和国（北朝鮮）、タイ、マレーシア、シンガポール、パキスタン、イラク、イラン、サウジアラビア、アメリカ、キューバ

あるが、長期間行っていない

韓国、ロシア、グアテマラ、ベリーズ、パパ・ニューギニア

特殊な犯罪にだけある

ブラジル、チリ、ペルー、イスラエル、カザフスタン

ない

アルメニア、アゼルバイジャン、ブータン、カンボジア、フィリピン、ネパール、ギリシャ、ハンガリー、アイスランド、フランス、ドイツ、イタリア、イギリス、カナダ、メキシコ、ニカラグア、パナマ、アルゼンチン、ボリビア、コロンビア、エクアドル、ベネズエラ、オーストラリア、ニュージーランド

死刑をなくすうったえ

日本でも、死刑をなくすうったえをしている団体があります。「生きる権利はだれにでもある」などの考えに基づき、行動を起こしています。

©アムネスティ・インターナショナル日本

死刑はいつ行われる？

日本では、裁判で死刑が確定（決定）したら、半年以内に執行する決まりです。しかし、実際には、死刑が行われるまでに、もっと時間がかかることが多く、中には、数十年も死刑が行われないままになっている死刑囚もいます。

さくいん

あ
悪徳商法 ……………………… 48、49
アヘン …………………………………… 20
アヘン戦争 ……………………………… 21
アポイントメント商法 ………………… 49
アルコールハラスメント ……………… 19
アルバイト ………………… 24、26、28
アルハラ ………………………………… 19
生きる力 …………………… 32〜35
育児・介護休業法 ……………………… 8
育児休業 ………………………………… 8
依存性 …………………………… 18、19
インターネット …………… 10、11、22
インターネット通信販売 ……… 48、49
インターネットバンキング …………… 10
インフルエンザ ………………… 36、37
ウイルス ………………………………… 36
AI ………………………………………… 8
エボラウイルス ………………………… 38
エボラ出血熱 …………………… 38、39
MDMA ………………………………… 20
えん罪 …………………………………… 54

か
外患誘致罪 ……………………………… 53
介護 ……………………………………… 8
外国語活動 ……………………………… 34
外国語活動 ……………………………… 46
下級裁判所 ……………………………… 46
学習指導要領 …………………… 30〜34
覚せい剤 ………………………… 20、21
かぜ ……………………………………… 36
家庭裁判所 …………… 17、46、47
家庭内暴力 ……………………………… 14
がん ……………………………………… 19
簡易裁判所 ……………………… 46、47
感染症 …………………………… 36、37
危険ドラッグ …………………… 20、21
起訴 ……………………………………… 45
起訴状 …………………………………… 44
義務教育 ………………………………… 30
キャッチセールス ……………… 48、49
急性アルコール中毒 …………………… 19
教育基本法 ……………………… 30、31
教育勅語 ………………………………… 31
教科書 …………………………………… 31
行政 ……………………………………… 43
行政権 …………………………………… 42
禁断症状 ………………………………… 21
クーリングオフ ………………… 50、51
刑事裁判 ………… 44、45、47
刑罰 ……………………………… 52、53
刑務所 …………………………………… 52
契約社員 ………………………… 24、26
結核 ……………………………………… 37
健康保険 ………………………………… 24
原告 ……………………………… 44、45
現住建造物等放火罪 …………………… 53
合成麻薬 ………………………………… 20
高等裁判所 ……………………… 46、47
強盗致死傷罪 …………………………… 53
口頭弁論 ………………………………… 44
公判 ……………………………………… 45
高齢社会 ………………………………… 6
コカイン ………………………… 20、21
国民生活センター ……………………… 51
個人情報 ………………………… 12、13
個人情報保護法 ………………… 12、13

さ
最高裁判所 ……………………… 46、47
サイバー犯罪 …………………………… 10
裁判 ………………… 42〜44、47
裁判員制度 ……………………… 46、47
裁判官 …………………………… 42、45
裁判所 …………………………… 42、46
酒 …………………………… 18、19、22
殺人罪 …………………………………… 53
三権分立 ………………………………… 42
三審制 …………………………………… 46
死刑 ……………………………… 52〜55
児童自立支援施設 ……………………… 17
司法 ……………………………………… 43
司法権 …………………………… 42、46
司法試験 ………………………………… 42
社会保険 ………………………… 24〜26
終身刑 …………………………………… 54
受験戦争 ………………………………… 32
出生率 ………………………… 4、6
少子化対策 ……………………………… 9
少子高齢化 ……………………………… 4
証人 ……………………………………… 44
少年院 …………………………………… 17
少年犯罪 ………………………………… 16
少年法 …………………………… 16、17
消費者 …………………… 48、50、51
消費者安全法 …………………………… 50
消費者基本法 …………………… 50、51
消費者契約法 …………………………… 50
消費者庁 ………………………………… 50
消費者保護基本法 ……………………… 50
消費者問題 ……………………………… 48
消費生活センター ……………… 50、51
情報社会 ………………………………… 12
食中毒 …………………………………… 36
進学率 …………………………………… 33
新型インフルエンザ …………… 38〜41
人口 ……………………………………… 7
人工知能 ………………………………… 8
シンナー ………………………………… 21
ストーカー ……………………… 14、15
ストーカー規制法 ……………… 14、15
スペインかぜ …………………………… 37
生活科 …………………………………… 32
正規雇用 ………………………………… 24
正規雇用者 ……………………………… 25
生産年齢人口 …………………………… 6
製造物責任法 …………………… 50、51
セクシャルハラスメント ……………… 28
総合的な学習の時間 …………… 32、33
訴状 ……………………………………… 44
訴訟代理人 ……………………………… 45

た
待機児童 ………………………………… 8
大麻 ……………………………… 20、21
たばこ ……………………… 18、19、22
タブレット ……………………………… 34
男女共学 ………………………………… 30
男女平等 ………………………………… 31
地方裁判所 ……………………… 46、47
中東呼吸器症候群 ……………… 40、41
懲役 ……………………………………… 52
つきまとい ……………………………… 15

コレラ …………………………… 36、37

つ
つめこみ教育 …………………… 32、35
出会い系アプリ ………………………… 22
DV ………………………………… 14、15
デジタル教科書 ………………… 34、35
電子黒板 ………………………… 34、35
デング熱 ………………………… 40、41
天然痘 …………………………… 36、37
電話勧誘販売 …………………………… 50
道徳 ……………………………………… 34
ドメスティック・バイオレンス ……… 14
ドラッグ ………………………… 18、20
鳥インフルエンザ ……………… 36、38

な
内乱罪 …………………………………… 53
なりすまし ……………………………… 11
ネッタイシマカ ………………………… 40
年金保険 ………………………………… 24

は
派遣社員 ………………………… 24、26
パートタイム …………………… 24、26
バブル経済 ……………………………… 24
パワーハラスメント …………… 28、29
判決 ……………………………………… 44
パンデミック …………………… 38、39
PL法 ……………………………… 50、51
被疑者 …………………………………… 45
被告 ……………………………… 44、45
被告人 …………………………… 44、45
PISA …………………………………… 33
非正規雇用 ……………………… 24、26
非正規雇用者 …………………………… 25
ヒトスジシマカ ………………………… 41
病原体 …………………………………… 36
豚インフルエンザウイルス …………… 38
ブラック企業 …………………… 28、29
ペスト …………………………… 36、37
ヘロイン ………………………… 20、21
変異 ……………………………… 36、38
弁護士 …………………………………… 45
弁護人 …………………………… 44、45
傍聴人 …………………………………… 43
訪問販売 ………………………………… 50
保護観察 ………………………………… 17
保護処分 ………………………………… 17

ま
MERS …………………………… 40、41
待ちぶせ ………………………………… 15
マラリア ………………………………… 37
マルチ商法 ……………………………… 49
水虫 ……………………………………… 36
民事裁判 ………………… 44、45、47
無期懲役 ………………………………… 54
ものもらい ……………………………… 36

や
薬物 ……………………… 18、20〜23
薬物依存 ………………………………… 20
ヤブカ …………………………………… 40
ゆとり教育 …………… 32、34、35

ら
立法 ……………………………………… 43
立法権 …………………………………… 42

わ
和解 ……………………………………… 45
ワーキングプア ………… 24、26〜28
ワンクリック料金請求 ………… 10、11

●改訂版！はてな？なぜかしら？日本の問題 〈全3巻〉

監修　池上彰

1950年、長野県生まれ。大学卒業後、NHKに記者として入局する。社会部などで活躍し、事件、災害、消費者問題などを担当し、教育問題やエイズ問題のNHK特集にもたずさわる。1994年4月からは、「週刊こどもニュース」のおとうさん役兼編集長を務め、わかりやすい解説で人気となった。2012年から東京工業大学教授。
おもな著書に、『一気にわかる！池上彰の世界情勢2016』（毎日新聞出版）、『池上彰の世界の見方』（小学館）、『大世界史』（文藝春秋）、『池上彰の戦争を考える』（KADOKAWA）がある。

●編集協力
　有限会社大悠社

●表紙デザイン・アートディレクション
　京田クリエーション

●本文デザイン
　木村ミユキ

●イラスト
　森永みぐ
　池田デザイン事務所

●図版
　アトリエ・プラン

●表紙写真
　PIXTA

改訂版！はてな？なぜかしら？日本の問題
2巻　改訂版！はてな？なぜかしら？社会・教育問題

2016年4月1日　　　初版発行

発行者　　升川秀雄
編集　　　松田幸子
発行所　　株式会社教育画劇
　　　　　〒151-0051　東京都渋谷区千駄ヶ谷5-17-15
　　　　　TEL：03-3341-3400　FAX：03-3341-8365
　　　　　http://www.kyouikugageki.co.jp
印刷・製本　大日本印刷株式会社

56P 297×210mm　NDC817 ISBN 978-4-7746-2053-4
Published by Kyouikugageki, inc., Printed in Japan
本書の無断転写・複製・転載を禁じます。乱丁、落丁本はお取り替えいたします。

改訂版！ はてな？ なぜかしら？ 日本の問題シリーズ

①改訂版！ はてな？ なぜかしら？
政治・経済問題

②改訂版！ はてな？ なぜかしら？
社会・教育問題

③改訂版！ はてな？ なぜかしら？
文化・科学問題